AF313640

UN DERNIER MOT

SUR LE

B. AYRALD, CHARTREUX

ÉVÊQUE DE MAURIENNE

RÉPONSE

À LA

RÉPLIQUE de M. le Chanoine TREPIER

Par le Chanoine **TRUCHET**.

CHAMBÉRY

IMPRIMERIE SAVOISIENNE — JACQUELIN ET Cⁱᵉ

1888

UN DERNIER MOT

B. AYRALD, CHARTREUX

RÉPONSE A LA RÉPLIQUE

De M. le Chanoine TREPIER.

En 1879, j'ai publié, dans les *Travaux de la Société d'histoire et d'archéologie de la Maurienne* (4e vol., 5e bulletin), un Mémoire intitulé : *Le B. Ayrald, d'abord chartreux, puis évèque de Maurienne.* Mgr l'Evêque, qui m'avait engagé à faire ce travail, a bien voulu en faire tirer à part un certain nombre d'exemplaires.

C'était une réponse à M. le chanoine Trepier qui, dans ses *Recherches historiques sur le Décanat de Saint-André,* publiées la même année par l'Académie de Savoie, s'efforçait de prouver, contrairement aux traditions de l'Ordre des Chartreux et du diocèse de Maurienne, que ce Bienheureux, avant d'être évêque, était non pas chartreux, mais cha-

noine régulier de Saint-Augustin et doyen du Chapitre de Saint-André.

L'année suivante, le R. P. Dom Cyprien-Marie
Boutrais, coadjuteur à la Grande-Chartreuse, pu-
blia, à son tour, une savante dissertation sous ce
titre : *Le B. Ayrald, chartreux et évêque de Maurienne.*

Nous ne différions, Dom Cyprien et moi, que
sur un point étranger à la controverse soulevée
par M. Trepier.

En 1881, j'appris que notre honorable contradicteur avait lu à l'Académie de Savoie une longue
réplique, mais que la docte Compagnie ne l'insére-
rait pas dans ses Mémoires.

Je fus donc bien surpris de trouver, en tête du
volume paru en 1885 et renfermant la suite des
Recherches sur le Décanat, un avant-propos, en
style vif, relatif à la brochure de Dom Cyprien et à
la mienne. On me donna, peu de temps après, des
explications.

Fallait-il répondre ? Comme cet avant-propos
n'était que le sommaire d'un Mémoire dont l'auteur promettait la prochaine publication, je pré-
férai attendre.

J'ai attendu deux ans ; car il n'y a que quelques
jours (juillet 1887) que j'ai reçu la brochure portant ce titre : *Le B. Ayrald, chanoine régulier et non
chartreux avant son épiscopat. Réplique à M. le chanoine Truchet et au R. P. Boutrais, coadjuteur à la
Grande-Chartreuse.*

Elle est décorée de cette épigraphe : *Amicus
Plato..., magis amica veritas.* La devise est excel-

lente, mais banale. Quel est l'écrivain, se respectant un peu, qui ne se dise ami de Platon, mais ami passionné de la vérité ? Platon, c'est le contradicteur. Où est la vérité? C'est la question, et Platon la peut trancher à son profit. Il faut donc un juge : en religion, c'est le Saint-Siège ; dans les questions scientifiques, c'est le public éclairé.

J'ai lu la *Réplique* sans parti-pris, tout prêt à reconnaître mon erreur, si l'auteur donnait des preuves réelles de son opinion, une réfutation sérieuse de mes arguments et de ceux de Dom Cyprien.

Je n'ai rien trouvé de tout cela. Est-ce la faute de mes yeux, trop faibles ou prévenus ? Je l'ai craint ; mais il me revient que d'autres yeux, meilleurs et tout à fait désintéressés, n'ont pas vu autrement que moi. Je garde donc ma conviction et plusieurs m'ont dit qu'ils font de même.

Alors, pourquoi cette brochure?

Principalement parce que, de la page 74 à la page 86, M. Trepier fait, à propos de l'enquête qui eut lieu en 1858, relativement au culte rendu de de temps immémorial, en Maurienne, au B. Ayrald, un récit plus que fantaisiste, dans lequel il confond les dates et les personnes ; parce qu'il formule des erreurs et des accusations, qui visent plus haut que ma personne, bien que mon nom seul soit prononcé, et dont j'aime à croire qu'il n'a pas vu la gravité. Il eût été si simple et si loyal de demander à la Grande-Chartreuse et à l'évêché de Saint-Jean des renseignements précis sur des faits qu'il ne pouvait connaître par lui-même !

Puisque je suis réduit à la nécessité de répondre, il faudra bien que je dise encore un mot du fond de la question, un mot aussi court que possible et qui, de ma part, sera le dernier. Je laisserai avec d'autant plus de confiance le public juge, que le public qui nous lit est évidemment choisi et fort restreint. C'est pour cela, et pour d'autres raisons, que je ne donnerai pas la traduction française des textes et des documents latins que j'aurai à citer.

Oui, comme me l'écrivait M. Trepier, il eût été mieux que ce débat ne fût pas ouvert. Mais le lecteur a déjà pu voir, il verra plus clairement encore, que ce n'est pas moi qui l'ai commencé.

I

L'enquête de 1858 et le Mémoire de M. Trepier.

Citons d'abord M. Trepier.

On lit dans l'*Avant-Propos* (p. x) : « Mon Mémoire pouvait-il s'inscrire en faux contre le Décret de la Congrégation des Rites ? Non ; car il lui était antérieur de plusieurs années. En effet, le Mémoire était écrit dès 1859 ; et dès 1859 ou 1860, il avait été gracieusement communiqué, par l'entremise de M. le chanoine Auvergne, au Père Chartreux Président de la Commission d'enquête dont faisait partie M. Truchet. Le Mémoire m'avait bien ensuite été rendu par le Président de la Commission ; mais avec prière de ne le point publier avant au moins un an.

« Il était naturel de penser que la demande de ce délai avait pour but d'examiner à nouveau la question en litige, et de rectifier, au besoin, ce qu'on pourrait avoir transmis d'erroné à la Congrégation. La suite a prouvé que son unique but était d'obtenir, d'abord, le décret sollicité, afin de pouvoir l'opposer, plus tard, au Mémoire, comme ayant force de chose jugée. »

La *Réplique* a quelques variantes que le lecteur remarquera certainement.

« Par la gracieuse entremise de M. Auvergne, le Mémoire fut communiqué au P. Chartreux Président de la Commission d'enquête ; et par celui-ci, sans doute, à la Commission elle-même, qui a pu en être saisie, l'examiner, le discuter à loisir, avant d'envoyer à Rome le résultat de ses dernières appréciations.

« Or, M. Truchet nous apprend qu'il était membre de la Commission ; et il a dû, en cette qualité, prendre connaissance du Mémoire plusieurs années avant la décision de la Sacrée Congrégation..... Faudrait-il supposer que le Mémoire n'a pas été porté à la connaissance de M. Truchet ; ou bien que, s'il l'a connu, le besoin de justifier son accusation l'empêche d'en convenir? Je laisse à d'autres le soin d'éclaircir ce point obscur et délicat. »

A mon tour, je laisse à d'autres le soin d'apprécier ce que les dernières phrases de ces deux citations contiennent de... délicat.

Voici maintenant l'histoire vraie de cette enquête.

C'est le 2 novembre 1858 que Mgr Vibert m'appela à Saint-Jean pour rechercher, dans les diverses archives de la ville, les documents qu'elles pouvaient posséder concernant le culte rendu de temps immémorial au B. Ayrald. J'apportai d'abord à l'évêché ceux que j'avais déjà recueillis pour l'*Histoire hagiologique du diocèse,* à laquelle je travaillais depuis plusieurs années.

Le 6 du même mois, Mgr l'Evèque nomma une commission, chargée d'examiner les monuments et les documents propres à prouver ce culte, et de donner son avis sur l'époque à laquelle ils devaient être attribués. Cette première commission se composait de MM. le marquis Léon Costa de Beauregard, Poncet, chanoine de la cathédrale d'Annecy, et Fivel, architecte à Chambéry. Ces messieurs prêtèrent serment entre les mains de l'Evèque. Remarquons bien que leur mission fut, non pas d'étudier et de discuter les faits de la vie du B. Ayrald, mais uniquement d'examiner les monuments, c'est-à-dire le tombeau existant dans la cathédrale, et les documents, au point de vue de leur authenticité et de leur date. La mienne consista à leur remettre les pièces que je trouvais et à enlever la couche de plâtre qui recouvrait les peintures du tombeau.

Le 11, une seconde commission fut formée pour l'examen des reliques. Elle se composait des membres du Chapitre, du curé de la cathédrale, de M. le docteur Mottard et de l'abbé Truchet, secrétaire. L'examen détaillé des titres et faits, constatant l'authenticité et l'identité de ces reliques, fut confié à MM. Gravier, Joseph Albrieux et Truchet.

Enfin, M. le chanoine Deschamps, vicaire général, official et protonotaire apostolique, fut chargé de l'audition des témoins du culte et l'abbé Truchet remplit encore les fonctions de secrétaire.

M. Trepier pourrait-il dire laquelle de ces commissions aurait dû examiner et discuter son Mémoire, s'il nous eût été remis ?

Mais n'y avait-il pas un chartreux à Saint-Jean ? Oui, c'était le P. Dom Basile Nyel, Postulateur général des Causes de Béatification et de Canonisation de l'Ordre des Chartreux. Il était venu prier M⁰ʳ Vibert de faire faire les enquêtes nécessaires pour l'introduction de la cause du B. Ayrald, dans les formes spéciales prescrites par le pape Urbain VIII *de casu excepto*. Il passa à l'évêché tout le temps qu'elles durèrent; mais il ne fut ni président, ni membre d'aucune commission, et il ne pouvait pas l'être : sa seule fonction fut de veiller à ce que, dans la conduite de l'enquête et dans la rédaction des pièces, on se conformât strictement aux règles prescrites par la S. Congrégation.

Les enquêtes furent terminées vers le 10 décembre.

Pendant tout ce temps, nous n'entendîmes parler ni de M. Trepier, ni de son Mémoire, ni de son opinion relativement au B. Ayrald. Tous les documents que nous pûmes réunir lui donnaient les qualités de chartreux, puis d'évêque de Maurienne.

Monseigneur en fit faire des copies authentiques et le dossier fut remis au Postulateur de la cause.

Voici, du reste, ce que Mgr Vibert écrivait le 27 janvier 1867 à Dom Ildefonse Roguet : « Dans le cours de la longue procédure qui a précédé le décret de confirmation du culte, l'on ne s'était point occupé de prouver que le B. Ayrald avait été chartreux. Le fait était si clairement établi par la tradition constante de l'Eglise de Maurienne et par la plupart des documents produits, que l'on n'avait pas même soupçonné qu'il fût nécessaire d'en donner la démonstration. »

Comment donc aurions-nous trompé la S. Congrégation et ourdi ces *tristes et criminelles manœuvres* dont M. Trepier me parle dans une lettre du 17 septembre 1887 ?

Le décret de confirmation du culte fut rendu le 8 janvier 1863. On y lit ce qui suit: « *Carthusianorum monasterium ad montem Portarum in diœcesi Lugdunensi erectum ingressus, austeram illam vivendi rationem alacri animo amplexus, etc... Dein ad Maurianensem Sedem erectus...* »

Il me semble que j'avais le droit de dire : « Cette affirmation si précise aurait dû faire hésiter M. Trepier. Sans doute, les faits purement historiques, qui n'intéressent ni la foi, ni les mœurs, ni la discipline ecclésiastique, ne sont pas de ceux sur lesquels s'étend l'infaillibilité du Saint-Siège. Néanmoins, c'est toujours une autorité très grave et, pour s'inscrire en faux contre un fait affirmé par un décret de la Congrégation, il faut d'autres autorités que celles que l'on allègue dans le cas présent. »

Il y a mieux et je prie M. Trepier de se poser à lui-même ces trois questions :

1° Il dit dans l'*Avant-Propos* (p. x) : « Mon Mémoire était écrit dès 1859 ; » et dans la *Réplique* (p. 73) : « Dès avant 1858 j'avais écrit, sur le B. Ayrald, la *Notice* ou le *Mémoire* dans lequel je prouvais... qu'il n'avait jamais été chartreux avant son épiscopat ; mais qu'il avait été chanoine régulier, archiprêtre de Saint-Hugues et 30 ans son collaborateur. » De ces deux dates, quelle est la véritable, et, si c'est la première, comment un Mémoire écrit *dès 1859* peut-il avoir été entre les mains du président et, *sans doute,* des membres et du secrétaire de commissions qui n'existaient plus à la mi-décembre 1858 ?

2° « Que ce Mémoire sur Ayrald, dit M. Trepier *(Réplique,* p. 74), ait été de beaucoup antérieur aux susdits décrets, mes contradicteurs le savent et en conviendront sans peine. » — Eh, non ! je n'en conviens pas du tout, en ce qui me concerne. J'affirme, au contraire : 1° que je n'ai connu l'existence de ce Mémoire, manuscrit, qu'en 1866, par une lettre de Dom Ildefonse Roguet ; 2° que je n'en ai connu les détails et les preuves qu'en 1879, par la lecture du 1er volume des *Recherches.* Est-ce donc à moi qu'il doit s'en prendre du doute, pénible *comme un cauchemar (Ibid.,* p. 76), qui s'empara de son esprit, lorsqu'il eut connaissance des décrets du 23 décembre 1862 et du 8 janvier 1863 ? Le Mémoire était-il composé depuis longtemps ? Je l'ignore. Mais, puisque l'auteur le croyait si lumineux, pourquoi ne l'a-t-il pas publié en temps utile ?

Pourquoi ne l'a-t-il pas, au moins, envoyé à la S. Congrégation, pour dissiper les erreurs accumulées par le chartreux-président et par le secrétaire des commissions d'enquête ?

3° M. Trepier affirme avoir communiqué son Mémoire à un chartreux dès 1859 ou 1860. Je voudrais bien le croire, mais j'aimerais pourtant savoir le nom de ce chartreux. Pourquoi ne le nomme-t-il pas ?

Si la date indiquée par lui est exacte, ce ne peut être que Dom Basile. Mais, d'abord, celui-ci ne pouvait transmettre le Mémoire à une commission qui n'existait plus. En outre, il n'en parle pas, ni de M. Trepier non plus, dans une longue lettre adressée à l'évêché le 6 novembre 1863, touchant l'objection que pouvait soulever la Vie de Saint Hugues par Guigues.

En 1865, le secrétaire de l'évêché m'écrivait : « Les Grenoblois persistent à prétendre que S. Ayrald a été chanoine régulier de S. Augustin, et non chartreux. Ils voudraient faire approuver par la Congrégation des Rites une légende en ce sens, qu'ils ont composée sur notre travail et en partie sur des documents qu'ils ont. Dom Basile, en ayant eu vent, s'est hâté de venir ici et nous avons travaillé durant dix jours à faire chacun un Mémoire ».

A cette date encore, nulle mention du Mémoire de M. Trepier. Il était peut-être connu à Grenoble, mais il paraît que Dom Basile ne le connaissait pas plus que nous.

Les leçons grenobloises ayant été rejetées par la

S. Congrégation en 1866, Dom Ildefonse Roguet composa un Mémoire pour défendre les traditions de son Ordre et du diocèse de Maurienne. Il y cite les productions de M. Trepier dont il a connaissance : un article inséré dans le *Courrier des Alpes* du 14 mai 1863, et une brochure imprimée à Chambéry en 1866, sous ce titre : *Origine et influence des monastères et prieurés de la Savoie.*

Le Mémoire de Dom Ildefonse ne devait être imprimé qu'après la publication des *Recherches sur le Décanat de Savoie.* Mais l'impression de cet ouvrage dans les *Mémoires de l'Académie de Savoie* a été laborieuse ; celle du 1er volume a duré cinq ans ; le 2e n'a paru que six ans plus tard.

En 1874, M. Trepier ayant envoyé à la Grande-Chartreuse des épreuves de la partie de son livre consacrée au B. Ayrald, Dom Ildefonse lui écrivit la lettre suivante, datée de la Chartreuse de Sélignac le 13 février :

« Notre R. P. Général me fait adresser par le V. P. Secrétaire quelques feuilles d'un volume que vous avez sous presse et deux lettres dans lesquelles vous me demandez notre avis sur votre manière de traiter la question du B. Ayrald.

« Lorsque vous avez publié, dans un journal de Savoie et dans une brochure, votre opinion sur les décrets rendus, en cette affaire, par la S. Congrégation des Rites, opinion qui fut adoptée par les membres de la Commission du Bréviaire de Grenoble, je rédigeai, d'après l'ordre de Sa Révérence et sur la demande de Monseigneur de Maurienne, un Mémoire dans lequel je crois avoir réfuté vos assertions contre la tradition de la Maurienne et des Chartreux. Ce Mémoire est déposé aux archives de la S. Congrégation des Rites. Nous ne l'avons pas encore publié, parce que nous attendions les preuves que vous annonciez dans votre article de journal. Mais si vous désirez en prendre connaissance, je mettrai sous vos yeux la copie ou plutôt le brouillon que j'en ai ici.

« Quant à revoir les épreuves que vous me communiquez, vous voudrez bien comprendre que cela est impossible ; une collaboration de ce genre peut avoir lieu entre gens qui partagent, ou partagent à peu près, la même opinion. Mais nous sommes aux deux pôles opposés de la question, et ce n'est pas quand *votre siège est fait* que j'irai insérer entre les lignes de votre dernière épreuve l'analyse des cent pages in-4° de mon Mémoire.

« Ce que je vais faire, par exemple, c'est vous faire copier et parvenir au plus tôt les *décrets, oraisons et leçons propres ;* nous devions naturellement supposer que vous en aviez pris connaissance avant la publication de votre article et de votre brochure ; nous n'aurions pas été aussi surpris que nous l'avons été, si nous avions pu penser que vous n'aviez pas encore consulté ces documents..... »

Mais maintenant qu'il en a pris connaissance, chacun a le droit de s'étonner qu'il n'ait pas daigné dans ses *Recherches,* publiées en 1879, faire mention du témoignage qu'ils contiennent en notre faveur et que, forcé d'en parler dans sa *Réplique,* il l'ait fait d'une si étrange façon.

Quant au Mémoire communiqué par l'entremise

de M. le chanoine Auvergne, je le répète, ni le dossier des archives de l'évêché de Saint-Jean, ni celui de Dom Ildefonse, qui m'a été obligeamment communiqué, n'en disent un seul mot, bien qu'ils contiennent de nombreuses lettres échangées entre Mgr Vibert et les Pères Nyel et Roguet. Seraient-ce donc ces épreuves communiquées en 1874, qui constitueraient la *Notice* ou le *Mémoire* écrit *dès 1859,* remis *dès 1859 ou 1860* au Père Chartreux, et, *sans doute,* transmis par lui à la commission d'enquête de 1858 ?

Une autre lettre de Dom Ildefonse, de la même date, dit que le R. P. Général lui a ordonné de se tenir prêt à répondre à M. Trepier. Mais il mourut avant la publication des *Recherches sur le Décanat de Savoie,* et ce fut Dom Cyprien-Marie Boutrais qui le remplaça pour ce désagréable travail.

Je prie le lecteur de remarquer la différence entre la conduite de Dom Ildefonse et celle de M. Trepier. Le premier, informé des prétentions que le second affiche partout, rédige un Mémoire pour les combattre : son premier soin est de le transmettre à la Congrégation des Rites ; mais, avant de le livrer au public, il attend prudemment que l'attaque ait pris corps. Le second parle à qui veut l'entendre d'un Mémoire vainqueur, de preuves irréfutables ; mais il ne dit rien à Rome, qui a parlé contre lui, et il réserve ce Mémoire et ces preuves jusqu'en 1879, pour les lecteurs des *Mémoires de l'Académie de Savoie.*

S'il y a eu quelque part de *tristes manœuvres,* le lecteur jugera de quel côté elles se sont produites.

II

Encore les enquêtes. — Les contradictions et les espérances de M. Trepier.

J'ai dit dans mon Mémoire (p. 34) qu'en 1758 Mgr de Martiniana avait recueilli *tous* les documents qui pouvaient l'éclairer sur la vie, les vertus et les miracles de son saint prédécesseur. Or, voilà que Dom Cyprien déclare (p. 43) que « La Vie de S. Hugues de Grenoble, dans laquelle il est fait mention d'un Ayrald, chanoine régulier, archiprêtre, évêque de Maurienne, ne figurait point au nombre des pièces remises à Mgr de Martiniana. »

Là-dessus, M. Trepier s'écrie : « Mais pourquoi donc cette Vie n'y figurait-elle pas et, avec elle, la très probante réponse de Guigues à Innocent II, qui lui sert de prologue? »

Je pourrais renvoyer la question à Dom Cyprien, s'il a le temps d'y répondre ; car je confesse que j'ignore si la Vie de S. Hugues et la lettre de Guigues ont été, ou n'ont pas été envoyées à Mgr de Martiniana par la Grande-Chartreuse, mes documents se contentant de l'affirmation générale que j'ai reproduite. J'ajoute cependant que, si ces pièces n'ont pas été envoyées, la chose me paraît toute naturelle pour deux raisons :

1° Mgr de Martiniana recueillait *tous* les documents sur Ayrald, chartreux, puis évêque de Maurienne, enseveli dans la chapelle de S. Pierre de sa cathédrale, honoré comme bienheureux de temps

immémorial ; et non sur un Ayrald quelconque,
qui aurait été chanoine régulier et ensuite évêque
de Maurienne. Si donc les Chartreux n'ont pas
envoyé la Vie de S. Hugues, c'est qu'ils étaient
convaincus que cette pièce était étrangère à la
cause qu'il s'agissait d'entreprendre.

2° Cette Vie de S. Hugues, on la possédait à
Saint-Jean de Maurienne ; ce qui le prouve, c'est
que M. Combet en parle longuement dans son histoire manuscrite des évêques de Maurienne, écrite
sous la direction de Mgr de Martiniana. Il n'était
donc pas nécessaire qu'on l'envoyât de la Grande-
Chartreuse.

Je fais la même réponse à la semonce qu'il m'a-
dresse, à la page suivante, pour avoir écrit qu'en
1858, ou, plus exactement, en 1859, puisque l'enquête n'a été terminée que vers la fin de 1858, « on
a soumis à la Congrégation des Rites *tout* ce qui a
été écrit, soit dans l'Ordre des Chartreux, soit dans
le diocèse de Maurienne, concernant le B. Ayrald. »
Or, on n'a envoyé ni « certaines chartes de S.
Hugues que l'on connaissait parfaitement, *ne fût-ce
que par mon Mémoire,* ni la Vie de S. Hugues. »
« Et, s'écrie M. Trepier, ils la connaissaient cette
Biographie. Eussent-ils, d'ailleurs, été tentés d'en
perdre le souvenir, que ma Notice sur Ayrald, à
eux communiquée depuis *deux ou trois ans* par
M. le chanoine Auvergne, se serait chargée, non
seulement de la leur rappeler, mais encore de leur
mettre sous les yeux les nombreux textes des Cartulaires de Saint Hugues, qui, etc... »

Tout à l'heure, c'était en 1859 ou 1860 que la No-

2

tice, faite dès 1859, avait été communiquée, par l'entremise de M. le chanoine Auvergne et du chartreux-président, aux commissions qui n'ont existé que du 6 novembre au 10 décembre 1858 ; maintenant, c'est deux ou trois ans plus tôt, c'est-à-dire en 1856 ou 1857. On voit que les souvenirs de M. Trepier se brouillent un peu et qu'il n'y a pas un parfait accord entre l'*Avant - Propos* et la *Réplique.*

La *Réplique* elle-même a plus d'un point où l'auteur se contredit manifestement. Ainsi, il affirme que, lorsqu'on lui a rendu son Mémoire, on l'a prié d'en différer l'impression. Qui lui a fait cette demande ? A la page 79, c'est le R^d Père (?) qui lui a demandé *de ne pas le publier avant au moins un an.* A la page 80, c'est la commission d'enquête, dont faisait partie M. Truchet, qui lui a demandé *de surseoir à l'impression d'une Notice ou d'un Mémoire dont les preuves irréfutables...* »

Encore une fois, qui est-ce qui a fait la demande ? Est-ce le Père Chartreux ? Est-ce la commission ?

Un ami de M. Trepier m'a donné, à Chambéry, l'explication de cette énigme. Ce serait Dom Ildefonse qui aurait reçu le précieux Mémoire et qui, en le restituant, aurait demandé, au nom de la commission, qu'il ne fût imprimé que plus tard.

Ceci, je l'ai déjà dit, nous reporterait en 1866. Or :

1° Aucune enquête n'a été faite, aucune commission n'a été instituée au sujet de la messe et de l'office de notre saint ; en d'autres termes, il n'y a eu ni enquête, ni commission, après le mois de décembre 1858.

2° L'office et la messe ont été approuvés par décret du 9 juillet 1864. Le passage des leçons du 2ᵉ nocturne, relatif à l'état de vie du Bienheureux avant son épiscopat, fut pris textuellement dans le décret du 8 janvier 1863, et le projet mis par Mᵍʳ Vibert dans sa supplique fut soumis à une correction sévère; on en supprima trois phrases qui rapportaient des faits dont la certitude ne parut pas incontestable : la descendance du saint de la famille des comtes de Bourgogne, la charge de prieur qu'il aurait exercée à Portes, et la date précise de son élévation sur le siège de Maurienne. La S. Congrégation a donc été moins facile que ne le suppose M. Trepier.

Et devinerait-on pourquoi la commission épiscopale se serait mise d'accord avec les PP. Chartreux, — avec les Chartreux dont le représentant avait entre les mains le Mémoire de M. Trepier, — pour tromper la S. Congrégation et transformer un chanoine en chartreux ? C'est afin d'obtenir *le concours pécuniaire de la Grande-Chartreuse pour subvenir aux frais d'enquête et de procédure (Réplique,* p. 85) !

A cela je n'ai rien à répondre.

Oui, quoi qu'en dise mon honorable contradicteur, à l'époque où j'écrivais ma brochure (1879), le diocèse de Maurienne était désintéressé dans la question, puisque la cause était finie depuis seize ans. Il l'était également en 1858 et en 1864, puisque M. Trepier, tout en faisant du B. Ayrald un chanoine de Saint-André, n'osait pas nier qu'il eût été chartreux, et qu'il conciliait le tout en le faisant entrer à la chartreuse après une démission de son siège, qui ne repose que sur une supposition très dubitative de Dom Le Coulteux.

Mais voici une découverte précieuse que je viens de faire dans le volume des *Recherches*, publié en 1879, et qui montre que M. Trepier n'est pas aussi pénétré de la vérité de ses assertions qu'il en a l'air.

Au bas de la page 328, on lit la note suivante : « Bernard de Portes ou mieux de La Porte (qui fut peut-être prieur de la Chartreuse de Portes au moment où Ayrald y était simple religieux), avait été tiré de cette chartreuse et placé sur le siège épiscopal de Belley, qu'il quitta ensuite, en 1142, pour rentrer dans sa chère solitude. Il en devint prieur, assista Ayrald dans ses derniers moments et lui succéda à l'évêché de Maurienne. »

Eh ! nous voici parfaitement d'accord !

Il est vrai que, dans le texte auquel se rapporte ce renvoi, l'auteur fixe entre 1101 ou 1102 et 1131 ou 1132 la durée des trente années pendant lesquelles il fait notre B. Ayrald doyen de Saint-André et collaborateur ou archiprêtre de S. Hugues. Mais que faut-il croire, le texte ou la note ?

Un mot sur cette note. D'après Mgr Depéry *(Hist. hagiol. du diocèse de Belley,* t. II, p. 27), le prieur de Portes, lorsque le B. Ayrald y était simple religieux, n'était pas Bernard de Portes, mais Bernard de Varin, fondateur de cette chartreuse en 1115. Bernard de Portes ne serait devenu prieur que peu de temps avant la mort du B. Ayrald, auquel il succéda sur le siège de Maurienne.

M. Trepier dit modestement que la démonstration de sa thèse lui paraît, *et à beaucoup d'autres*, revêtir l'évidence d'une démonstration mathématique *(Réplique,* p. 83); en sorte qu'il ne désespère pas de la voir convaincre la S. Congrégation elle-même, en une hypothèse qui, à la vérité, n'est guère probable et qui a quelque ressemblance avec les appels au futur Concile. Citons ce morceau triomphant.

J'avais dit : « Quant à la démonstration, j'en demande pardon à M. Trepier, elle ne me paraît pas *évidente* du tout, et, à mon humble avis, bien que je ne connaisse pas les pièces justificatives qu'il publiera plus tard, elle n'est pas suffisante pour que la Congrégation des Rites change les termes de son décret relatif au culte du B. Ayrald. »

M. Trepier, selon un procédé qu'il me reproche, mais dont il use volontiers, supprime une partie de ma phrase, pour lui donner un sens affirmatif plus accentué, et il s'écrie :

« Je crois pouvoir dire, à mon tour, que si jamais il est procédé à la canonisation solennelle de notre Bienheureux, et que les faits relatifs à la vie d'Ayrald avant son épiscopat soient soumis à un procès ou débat contradictoire devant la Sacrée Congrégation; ou je me trompe fort, ou elle aura fait son temps la légende qui veut qu'Ayrald ait été chartreux (et même prieur) de Portes avant son épiscopat, et non chanoine régulier, archiprêtre de saint

Hugues de Grenoble et 30 ans son collaborateur, en qualité de doyen de Saint-André de Savoie. »

L'auteur de la *Réplique* paraît croire que les faits de la vie d'Ayrald, antérieurs à son épiscopat, n'ont été, devant la S. Congrégation, l'objet d'aucun examen. Ce serait une erreur. Quand il s'agit de la concession de l'office et de la messe, le Promoteur de la Foi déclara que, si la Congrégation jugeait à propos de se rendre aux prières de l'Évêque de Maurienne, *De secundi tantum Nocturni lectionibus disquisitio erit, cum oratio proposita jam a SS^mo Domino Nostro rata sit habita;* » et j'ai déjà dit quelles modifications elle fit subir, après cet examen, aux leçons proposées par Mgr Vibert.

Nous pouvons d'autant plus volontiers laisser M. Trepier triompher d'un décret de la S. Congrégation qu'il entrevoit à travers les siècles, et nous contenter de ceux qu'elle a rendus en 1863 et en 1864, qu'il met à ses espérances prophétiques le correctif fort raisonnable : *ou je me trompe fort.*

<hr>

III

Le dissentiment
entre Dom Cyprien et M. Truchet.

Il y a un point où je ne m'accorde pas avec Dom Cyprien, et M. Trepier s'en fait un argument. Je comprends qu'il se réjouisse de notre dissentiment :

mais il a tort d'y voir un appui pour sa thèse ; car, je le répète, il ne porte que sur un point accessoire, je puis même dire tout à fait étranger au débat qu'il a soulevé.

Précisons bien les questions.

Un évêque de Maurienne du XIIe siècle, nommé Ayrald, est, de temps immémorial, honoré d'un culte religieux dans ce diocèse ; en 1863, ce culte a été confirmé par le Saint-Siège ; dans les décrets et dans les leçons de l'office approuvées, en 1864, par la S. Congrégation des Rites, ce B. Ayrald est dit avoir été chartreux à Portes, puis évêque de Maurienne. La qualité d'évêque n'est pas contestée. Mais a-t-il été chartreux *avant* d'être évêque ? A-t-il été, au contraire, chanoine régulier de Saint-Augustin, doyen du décanat de Saint-André et archiprêtre de S. Hugues, évêque de Grenoble, pendant trente ans ? Toute la controverse entre M. Trepier, d'une part, Dom Cyprien et moi, de l'autre, est là.

On peut poser une seconde question. A quelle époque a commencé l'épiscopat du B. Ayrald ? A-t-il succédé immédiatement à Conon II, vers l'année 1132 ; ou bien entre Conon et le B. Ayrald faut-il admettre un évêque aussi nommé Ayrald, qui aurait été précédemment le chanoine régulier, l'archiprêtre de S. Hugues, dont parle M. Trepier, et auquel ne se rapportent en aucune façon ni le culte du diocèse de Maurienne, ni les décrets de la S. Congrégation ; et ainsi l'épiscopat du B. Ayrald ne date-t-il que d'environ l'année 1137 ? C'est en quoi Dom Cyprien et moi, nous ne nous sommes pas accordés.

Le lecteur voit que la seconde question n'a aucune connexion avec la première, aucune importance pour le but que se propose M. Trepier, et qui est d'obtenir que le culte du B. Ayrald soit autorisé et célébré dans le diocèse de Chambéry *(Recherches hist.*, 1879, p. 332); but très louable, sans doute, mais qui ne change rien à l'état de notre controverse, purement historique.

A ce propos, on peut s'étonner que M. Trepier n'ait pas senti, si ce pieux projet était sérieux et s'il était réalisable dans les conditions de droit, que, comme je l'ai fait remarquer, ce n'était pas aux lecteurs des *Mémoires de l'Académie de Savoie* qu'il devait en premier lieu adresser ses observations, mais à la S. Congrégation, surtout après les décrets si précis de 1863 et de 1864.

Que, sur la première question, à savoir que le B. Ayrald a été chartreux avant d'être évêque, il n'y ait aucun dissentiment entre Dom Cyprien et moi, je n'ai pas à le démontrer, puisque M. Trepier en convient : « Mes deux contradicteurs, dit-il *(Réplique,* p. 20), sont d'accord sur le but visé par eux, qui est de renverser ma thèse au sujet de l'état de vie d'Ayrald avant son épiscopat. »

Mais il ajoute aussitôt : « Ils ne le sont guère sur le point de départ à fixer, et sur le mode à employer pour y parvenir. Car, avant de me contredire et de me combattre, ils commencent par se contredire et se combattre réciproquement; si bien que, pour répondre péremptoirement à chacun d'eux, il suffirait presque, *à priori,* de les opposer l'un à l'autre. »

M. Trepier donne au dissentiment que j'ai avec

Dom Cyprien un caractère et, relativement à notre propre controverse, une importance qu'il n'a pas ; car, je le répète, il ne tombe que sur la seconde question : entre Conon II et Bernard Ier, de vers 1132 à 1146, n'y a-t-il eu qu'un évèque, le B. Ayrald, chartreux ? Doit-on en admettre deux : Ayrald Ier, chanoine régulier ; le B. Ayrald II, chartreux ?

Dans mon Mémoire, j'ai dit pourquoi je n'admettais pas, *avec certains auteurs,* deux Ayrald, de 1132 à 1146. L'auteur de la *Réplique* ajoute (p. 20) : « Il aurait pu dire avec le P. Boutrais. » Eh, non ! je ne pouvais pas le dire, puisque je n'ai connu l'opinion de Dom Cyprien que par sa brochure publiée en 1880, un an après la mienne.

Je reviendrai sur cette petite controverse quand je parlerai des textes de Guigues qui y donnent lieu, et j'espère démontrer que la thèse de M. Trepier n'a rien à y gagner. Qu'il y ait eu ou qu'il n'y ait pas eu un Ayrald évèque de Maurienne, après avoir été chanoine de Saint-André et archiprêtre de S. Hugues ; que cet évèque ait gouverné le diocèse avant ou après Conon II ; il ne reste pas moins vrai que ce n'est pas de cet Ayrald qu'il s'agit dans les décrets de 1863 et de 1864, mais de l'évèque Ayrald, précédemment chartreux : « *A nobis (Carthusianis) ad infulas assumptus,* » dit Le Coulteux lui-même ; « *Carthusianorum monasterium ad montem Portarum... ingressus,* » et ensuite : « *Ad Sedem episcopalem erectus,* » disent nos leçons ; soit qu'il ait été appelé à l'épiscopat en 1132, soit qu'il n'y soit parvenu qu'en 1136 ou 1137, dates auxquelles nous n'avons aucune charte où le nom d'Ayrald soit inscrit.

IV

Nos preuves.

Pour que les lecteurs puissent former leur juge-
ment sur le débat, il est peut-être bon de le dégager
des réflexions, amplifications, récriminations, réti-
cences et arguties amoncelées sur le fond de la
question, et de mettre sous leurs yeux les autorités
alléguées de part et d'autre. C'est ce que je vais
faire dans ce chapitre et le suivant. La plupart des
textes ont déjà été donnés, plus ou moins com-
plets, dans les diverses dissertations publiées. Je
les reproduirai néanmoins intégralement et n'y
ajouterai que quelques notes, nécessaires pour re-
lever les points essentiels.

M. le chanoine Trepier a un moyen commode de
se débarrasser d'une partie des témoignages qui
condamnent sa thèse. Sous prétexte que ces auteurs
se sont trompés sur un fait absolument indépen-
dant de celui qui est l'objet du débat, ou sur une
circonstance tout à fait accessoire de ce dernier
fait, il les récuse.

Henschénius, la *Gallia Christiana,* Guichenon,
Théophile Raynaud, Dom Molin, Morozzo, etc.,
placent l'épiscopat du B. Ayrald entre 1145 et 1167,
tandis qu'il faut le mettre entre 1132 et 1146. En
outre, plusieurs de ces auteurs et d'autres encore
prétendent qu'il avait été prieur de la chartreuse de
Portes, ce qui n'est pas. Donc, leur témoignage ne
vaut rien quand ils disent qu'il avait été chartreux

de ce monastère, et comme Dom Cyprien n'a donné
des textes qu'il cite que la partie où ce dernier fait
est affirmé, passant sous silence celles qui indiquent, pour l'épiscopat du Bienheureux, une date
fausse et qui lui attribuent une qualité qu'il n'a
pas eue, il a trompé ses lecteurs (p. 135-140).

Il n'y aurait qu'à généraliser ce système d'élimi-
nation pour supprimer toute l'histoire, car il n'y a
pas un historien qui ne se soit trompé sur quelques
points. Les lecteurs me permettront de m'en tenir
au principe admis jusqu'à présent, que le désac-
cord des historiens sur une circonstance d'un fait
n'empêche pas que leur accord sur le fait lui-même
et sur d'autres circonstances soit, en ces points,
un motif de certitude. Ainsi, parce que les anciens
historiens ne sont pas d'accord sur la date du mar-
tyre de S. Pierre, on n'est pas en droit de récuser
leur témoignage quand ils affirment qu'il est mort
à Rome et qu'il y avait définitivement transporté
le siège de la Papauté.

Ceci posé, produisons nos preuves principales.

L'Obituaire d'Arvières : « *Obiit Ayraldus, Mona-*
chus Episcopus Maurianensis. »

L'Obituaire de Meyriat : « *Obiit Ayraldus, Mona-*
chus, Episcopus. »

M. Trepier récuse ces obituaires pour trois raisons :

1° Ils ne disent pas de quel Ordre ni de quel cou-
vent Ayrald était moine (p. 102). C'est vrai, mais
d'autres documents les complètent et, pour la thèse
de notre contradicteur, il aurait fallu prouver qu'au
xiiᵉ siècle les chanoines réguliers étaient qualifiés
de moines.

2° On pourrait en inférer qu'Ayrald était tout à la fois moine et évêque au moment de son décès (p. 103), ce qu'il ne paraît pas pouvoir admettre et ce qui, à mon avis, est très admissible.

3° *Monachus* ne veut pas seulement dire *moine* proprement dit, mais encore affilié à un Ordre monastique (p. 6). Je reviendrai sur cette traduction.

L'Obituaire de Lyon : « *Obiit Ayraldus, quondam Monachus Portarum, Episcopus Maurianensis.* »

Dom Cyprien a traduit *quondam* par précédemment, ce qui indique qu'Ayrald a été moine avant d'être évêque. M. Trepier objecte par plusieurs exemples qu'on doit souvent traduire ce mot par *feu* ou *défunt* (p. 106). Il a raison ; mais la question est de savoir si, dans le cas présent, la contexture de la phrase ne demande pas la traduction donnée par Dom Cyprien. Du reste, un passage similaire du même obituaire fixe le sens de celui-ci. On y lit : « *Frater Hugo, monachus Portarum, olim archiepiscopus Viennensis.* » Or, Hugues d'archevêque de Vienne s'était fait simple moine à Portes. Donc, la qualification à laquelle est joint le mot *olim* ou *quondam* marque un état de vie antérieur à l'autre, qui est celui qu'avait le défunt au moment de sa mort, et il faut bien traduire : « Ayrald, précédemment moine de Portes, évêque de Maurienne. »

D'ailleurs, peu importent la signification précise du mot *quondam* et ce mot lui-même. La disposition des mots *monachus* et *episcopus,* la même dans les trois obituaires, indique toute seule que les deux états de vie qu'ils expriment se sont succédé dans l'ordre où ils sont placés, l'état religieux d'abord, l'épiscopat ensuite. C'est une question de bon sens.

M. Trepier objecte encore (p.118) que l'Obituaire de Lyon n'a été écrit que *vers ou peu avant* 1275. Le Coulteux dit seulement : *ante annum 1275,* et Dom Cyprien avait déjà répondu (p. 6) que le rédacteur d'un obituaire ayant nécessairement travaillé sur des notes, des testaments, des lettres d'*obiit,* les obituaires sont, en réalité et quant au fond, contemporains de chaque fait qu'ils rapportent.

Pour ne rien omettre, je dois reconnaître que le texte concernant Ayrald ne se trouve pas dans l'*Obituarium Lugdunensis Ecclesiæ,* publié en 1867 par M. Guigues. Mais remarquons :

1° Que Le Coulteux dit avoir tiré ce texte d'un nécrologe antérieur à l'année 1275.

2° Qu'un grand nombre de documents ont péri dans l'incendie de la Grande-Chartreuse en 1676.

3° Que M. Guigues déclare dans l'avant-propos que les manuscrits dont il s'est servi sont très incomplets pour les six premiers mois de l'année et qu'il n'y a, pour combler ces lacunes, que 22 feuillets écrits au xviiᵉ siècle.

L'épitaphe qui était placée sur le tombeau du Bienheureux :

> *Hic jacet Ayraldus claro de sanguine natus,*
> *Portarum monachus pontificumque decus,*
> *Ecclesiæ lumen, miserorum atque columna,*
> *Virtute et signis splendidus innumeris.*

Cette épitaphe, qui est rapportée par Le Coulteux et par la Notice dont je parlerai tout à l'heure, a dû disparaître au xvᵉ siècle, lorsque furent faites les

peintures remarquables, mais aujourd'hui si re-
grettablement détériorées, qui couvrent le fond de
la niche du tombeau et toute la face du mur ; ce
qui démontre et l'antiquité de l'épitaphe et celle
de la Notice ou des notes d'après lesquelles elle fut
écrite. M. Trepier la donne dans ses *Recherches,*
mais il n'en parle pas dans sa *Réplique,* où il se
contente de mentionner l'inscription qu'on lit au
bas du tableau du Bienheureux. Quoique ce tableau
soit du milieu du xviiie siècle, l'inscription atteste
la continuité des traditions de la Maurienne relativement à l'état de vie d'Ayrald avant son épiscopat.

Vers la même époque, Mgr de Martiniana fit mettre, au bas du portrait du Bienheureux, dans la
galerie des Évêques du palais épiscopal, une inscription qui est rapportée par Gallizzia *(Atti dè
Santi,* etc., t. IV, p. 252) et qui commence ainsi :
« *Beatus Ayraldus Episcopus Maurianensis, et Prin-
ceps, Guillelmi Comitis Burgundiæ filius, Christi,
Carthusiæ, et pauperum delicium, miraculis clarus...* »

Un ancien martyrologe manuscrit de la Grande-
Chartreuse : « *Maurianis, in Sabaudia, B. Ayraldus
ex Priore Carthusiæ Portarum ejusdem civitatis
Episcopus...* » M. Trepier ne rejette ce témoignage
que pour cette raison, qui lui paraît décisive, que
le martyrologe donne au B. Ayrald le titre de prieur
(Recherches, p. 337).

Le *Brevis Index quorumdam Beatorum et Illustrium Virorum Sacri Ordinis* (Ms. — xve siècle) :
« *Beatus Ayraldus, ex Cartusiano Maurianensis Episcopus, miraculis et sanctitate præclarus.* »

L'Elenchus illustrium sanctitate et doctrina virorum qui ex eremo Portarum prodiere : « Ayraldus, monachus hujus domus, qui ob vitæ totius sanctitatem postea in Episcopum Maurianensem assumptus fuit, ut liquet ex vetusto Portarum calendario... »

L'*Indiculus patriarcharum... Ordinis Cartusiensis* de Dom Léon Le Vasseur : « *Ayraldus, professus Cartusiæ Portarum factus Episcopus Maurianensis.* »

La Vie « *del Beato Ayraldo, professo della Certosa delle Porte e poi Vescovo di Moriana,* » insérée dans la *Corona del Glorioso Patriarca S. Bruno,* de Dom Ceccheroni (Ms. de la Chartreuse de Rome).

A ces autorités, M. Trepier répond *(Réplique,* p. 134) qu'il les laisse de côté, parce qu'il ne peut les contrôler, faute d'avoir sous les yeux les sources d'où elles sont tirées. C'est expéditif.

Dom Molin, dans son *Historia Cartusiana,* écrite vers 1590, dresse des listes de chartreux devenus cardinaux, de chartreux devenus évêques, d'évêques devenus chartreux, etc. Ces listes sont reproduites dans un grand tableau suspendu en une des salles de la Grande-Chartreuse. Or, le B. Ayrald est inscrit dans la liste des *Cartusiani facti episcopi,* ce qu'un élève de septième traduirait par : *Chartreux devenus évêques.* M. Trepier (*Recherches,* p. 339) propose une traduction moins littérale : « Dom Nicolas Molin, dit-il..., range, il est vrai, parmi les chartreux *qui ont été évêques, Cartusiani facti episcopi,* Ayrald, évêque de Maurienne, profès de la Chartreuse de Portes. Mais Dom Molin *ne dit pas si Ayrald a été chartreux avant ou après son épis-*

copat. » C'est une distraction, mais elle est un peu forte.

Dans la *Réplique* (p. 139), il ne parle plus de sa traduction nouvelle, mais il récuse Dom Molin pour cette seule raison qu'il place l'épiscopat du B. Ayrald de 1145 à 1167.

J'estime inutile de rapporter encore les témoignages : du P. Chiflet *(Manuale Solitariorum,* Lyon, 1677) ; de la *Gallia Christiania* (t. III) ; de Guichenon *(Histoire de Bresse et de Bugey,* Lyon, 1650) ; de Théophile Raynaud *(Trinitas Patriarcharum,* Lyon, 1647) ; de Morozzo *(Theatrum chronologicum sacri Ordinis Cartusiani,* Turin, 1681), etc.

Dans mon *Histoire hagiologique du diocèse de Maurienne* (p. 326), je parle d'une thèse de philosophie imprimée sur satin et portant la date de août 1679, et je dis : « Au-dessus de la thèse est l'image de saint Augustin, sous les attributs duquel nous ne savons si l'on n'aurait point eu l'intention de représenter le B. Ayrald. Plus bas, on lit ces paroles : *Beato principi Heraldo, Guillelmi comitis Burgundiæ filio, ex Carthusia ad sedem Maurianensis episcopatus olim erecto...* »

M. Trepier, qui m'accuse souvent de travestir les textes, m'accuse ici de déguiser ma pensée. « Sous cette formule discrète et réservée, dit-il *(Réplique,* p. 138), M. Truchet laisse assez entendre que, dans sa pensée, si le texte de la thèse (ou mieux de sa dédicace) fait d'Ayrald un chartreux avant son épiscopat, la gravure qui orne le frontispice de la thèse pourrait bien en faire un religieux de saint Augustin. »

Est-il nécessaire que j'affirme n'avoir jamais eu cette étrange pensée ? En présence des termes si précis de la dédicace, il aurait fallu que j'eusse perdu le sens.

Un document que M. Trepier frappe particulièrement de son mépris et de ses foudres, c'est la *Vie* du B. Ayrald, suivie par M. Angley, par Dom Cyprien et par moi. Il l'appelle (p. 125, 132) « un vrai tissu d'invraisemblances et d'erreurs ; » il dit : « qu'elle est farcie de détails invraisemblables, faux et controuvés, et, enfin, qu'elle porte en elle-même la preuve de tout ce qu'il avance. »

J'avais demandé quelles sont ces invraisemblances et ces erreurs. M. Trepier s'empresse de me satisfaire (p. 124 et suiv.). C'est que M. Angley et moi avons tiré de cette Vie :

1° Qu'il y avait dix-sept novices à Portes quand Ayrald y était, tandis qu'il ne pouvait y avoir que quatorze religieux ; M. Trepier connaît la règle des Chartreux beaucoup mieux que les Chartreux eux-mêmes, anciens et modernes, et il oublie ce qu'il vient de dire, que ce point admettait des exceptions.

2° Qu'Ayrald avait goûté les douceurs de la contemplation à Portes et, qu'étant évêque, il s'y rendait de temps en temps avec Hugues II de Grenoble; or, M. Trepier affirme qu'il n'y avait jamais mis les pieds avant d'être évêque et que, pendant son épiscopat, il n'y alla qu'une fois, en 1135, car une charte de cette année-là ne parle que de ce voyage.

3° Que le vénérable Bernard, fondateur et prieur de cette chartreuse, était obligé d'user de son autorité pour déterminer les deux évêques à retourner à leurs sièges ; or, Bernard ne pouvait avoir aucune autorité sur deux évêques, et M. Trepier nie qu'ils eussent été sous sa direction à Portes.

Aussi, s'écrie-t-il tout indigné (p. 126) : « Tout cela n'est-il pas aussi invraisemblable que faux, contradictoire, controuvé, incohérent et ridicule ? Et ce sont ces billevesées, rêvées cinq cents ans après Ayrald, et produit de l'imagination surchauffée d'un panégyriste aussi ignorant que maladroit, vivant au XVII⁰ siècle, qu'on prétendrait nous donner pour une histoire authentique et même contemporaine d'Ayrald ! Allons donc ! »

Voilà comment discute M. Trepier : *sic volo, sic jubeo.* Comme il n'a que des suppositions gratuites pour combattre nos preuves, il s'y donne libre carrière. Ainsi, voulant prouver qu'Ayrald n'a pas été religieux à Portes avant son épiscopat, il s'appuie sur ce qu'il ne rencontre pas son nom parmi les prieurs de cette chartreuse, ni dans aucune de ses chartes, et, pour rendre cette absence plus inexplicable, dans notre hypothèse, il suppose que, si Ayrald avait habité cette maison, ç'aurait été pendant vingt ans (p. 98), comme s'il avait vu toutes les chartes de Portes qui ont existé, comme si la *Vie* de notre Bienheureux ne disait pas qu'il a été appelé à l'épiscopat *aliquot post professionem annis elapsis !*

Ne nous surchauffons pas et prions-le seulement en toute humilité de lire, dans un traité de philosophie, ce qui concerne un sophisme qu'on appelle *pétition de principe.*

Il suppose encore que cette *Vie* d'Ayrald est celle

que Le Coulteux, après avoir dit qu'elle a été « *a
recentiore quodam auctore scripta,* » déclare « *tot
adjunctis veritati parum consonis referta, ut his eam
annalibus inserere minus æquum duxerimus.* » Je
n'en sais rien, lui non plus.

Nous possédons deux copies de cette *Vie* d'Ayrald : l'une, récente, a été prise dans les « *Ephemerides Ordinis Cartusiensis,* » 2 janvier, de Dom Le
Vasseur ; l'autre a été écrite par Dom Hugues Buat
et remise, le 30 avril 1758, à Mgr de Martiniana par
le prieur de la Chartreuse de Pavie, revenant du
Chapitre Général. Celle-ci est tirée « *ex manuscripto
indice episcoporum Cartusiensium, quod asservatur in
bibliotheca Magnæ Cartusiæ.* » Voici cette *Vie:*

Cum nemo in cœlestibus gloriosior sit illo qui repudiato gentilium stemmate elegit sola Christi humilitate
gloriari, parentum venerandi Patris nostri Airaldi seu
Airaudi nobilitatem, honores ac divitias commemorare
prætermittam, ut illius admirandas cunctisque imitandas virtutes breviter proponam. Dominus itaque
Airaldus ex nobili genere progenitus fuit, sed familiæ
gloriam et opes ac alia hujusmodi majoris pectoris generositate fastidivit et ad montem Portarum, velut Moises
in eremo, Dei fruiturus alloquiis ascendit ibique jugum
sæcularitatis excussit ac jugum Dominicæ servitutis lætabundus suscepit, ibi redegit ad brevem coronam luxuriantes capillos, ibi sericas vestes in horridum cilicium
commutavit, ibi asperas Cartusiensis propositi vias planas sibi fecit, ibi denique tanta virtutum omnium excellentia sub Domno Bernardo primo illius domus fundatore et priore cum septemdecim novitiis in Christi militia
sese exercitavit, ut excelsa vita ac morum integritate
non solum novitios, sed illos etiam qui votis emissis

divino cultui sese dedicaverant provocaverit ad sui æmulationem et admirationem. Fuit enim corpore castus, mente incorruptus, virtutibus, præsertim humilitate et charitate, ornatus, addictus jejuniis, parcus verborum, solitudinis cæterarumque Ordinis consuetudinum observantissimus, cunctisque amabilis adeo et benignus, ut aliquot post professionem annis elapsis ad Pontificales Maurianensis Ecclesiæ infulas divino nutu evocaretur. Hanc vero dignitatem tanto virtutum splendore et gloria miraculorum administravit, ut cunctis ad salutem eorum procurandam e paradiso dilapsus angelus videretur. Nam pauperiem ab omnibus in quantum poterat longissime repellebat, languores a miserorum corporibus fugabat, omnesque ad se venientes et opem in rebus adversis implorantes tanta charitate et benevolentia recipiebat, ut aliorum necessitates suas esse ipse arbitraretur. Carnem quoque propriam ciliciis, jejuniis, vigiliisque spiritui subjiciebat, neque enim propter curam pastoralem cartusianæ disciplinæ rigorem et vestitum a se excussit, sed ad ultimum vitæ halitum constantissime servavit, et animum cœlestium rerum contemplatione erigebat. Quod ut facilius ageret et recrearet fessum ab externis rebus spiritum, aliquoties ad pristinam et sibi dilectam Portarum solitudinem redire satagebat, ubi cum venerabili Hugone singulari prudentia et pietate episcopo Gratianopolitano, postea vero Viennensi archipræsule, jejuniis et orationibus assiduis ambo vacantes, adeo divini amoris incendebantur ardore, ut mundi et quæ ejus sunt fere obliti ad suas Sedes inviti remigrarent et etiam compulsi, ne dicam expulsi a V. P. Bernardo priore. Quibus recedentibus ingens populorum utriusque sexus et cujusvis conditionis multitudo de aspero monte et de circumvicinis pagis, non secus ac sanctis, occurrebant et benedictionem eorum humiliter efflagitabant, qua percepta ad propria quasi invenissent spolia multa ovantes et gaudentes redibant. Cum jam tempus adesse cerneret B. Airaldus quo corporis vinculis solvendus esset, Ardutionem Gebennensem et Bernardum de Portis nuper Bellicensem præsules venerandos et inclitos ad se accersiit, eisque suum instare excessum aperte dixit, luculenterque multa de cœlestis patriæ gaudio ac paradiso disseruit, tandemque morbo fatigatus coram clero et populo receptis prius sanctæ Ecclesiæ sacramentis quarto nonas januarii circa annum 1146, vel ut quidam volunt circa annum 1138 ita excessit ex corpore, ut in illa spiritus exhalatione insitæ virtutis et sànctitudinis significationem daret. Ejus pretiosam mortem statim Deus præclaris honorificavit miraculis, ad cujus exequias maxima utriusque sexus multitudo confluxit, quas præfati præsules Arducio et Bernardus, qui ei successit invitus et a Summo Pontifice compulsus, debito honore celebrarunt, ejusque sanctas reliquias summa cum veneratione ad sacellum sancti Petri ecclesiæ cathedralis humo demandarunt et condiderunt.

Eodem tempore quædam mater familias, cum salus ejus a medicis in desperationem vocata esset, multis cum lacrymis Beati Viri meritis se commendavit, moxque ab infirmitate sana surrexit ac miraculum cunctis propalavit.

Quidam etiam, febris cum nimium pateretur ardorem, ad B. Præsulis Airaldi sepulchrum properavit, precibus ejus se commendavit, et absque mora deposita omni prorsus febricitatione convaluit. Plures alii ad ejus tumulum a variis infirmitatibus liberati fuerunt.

Cum vero sacrum ejus corpus humo de more coopertum aliquandiu jacuisset et ejus interventione diversa quotidie fierent miracula, episcopo et clero Maurianensis Ecclesiæ placuit illud venerandum marmoreo supra terram deponi sepulchro : ex quo postea oleum suavissimi mirificique odoris scaturivit, per cujus unctio-

nem multi infirmi a variis languoribus, maxime a febri-
bus, liberati extiterunt, præstante D. N. Jesu Christo,
cui honor et gloria nunc et semper et in sæcula sæculo-
rum. Amen.

Cette formule indique la fin d'un travail plus
ancien que l'Index et que les Ephémérides. Quelle
est sa date? Je ne le crois pas antérieur au xvi⁰
siècle ; car, pour plusieurs raisons qu'il serait hors
de propos de développer ici, le tombeau me parait
contemporain du chœur de la cathédrale et du cibo-
rium, c'est-à-dire de la fin du xv⁰ siècle.

L'Index et les Ephémérides terminent par le récit
de la levée du saint corps, faite en 1653 par Mᵘʳ Paul
Milliet ; mais l'Index fait précéder ce récit de l'inscription qui était placée sur le tombeau primitif,
des textes des Obituaires, des noms de quelques
auteurs qui parlent d'Ayrald, chartreux, puis évêque, et de quelques mots de réfutation de ceux qui
le font siéger de 1145 à 1167.

« J'espère bien, dit M. Trepier (p. 131), qu'on ne
nous demandera plus où sont ces invraisemblances. » Eh ! oui, je le demande encore ; car, pour
mon compte, je n'en aperçois aucune dans ce récit,
à moins que l'invraisemblance ne consiste à ne
pas parler comme il le voudrait. Ses deux pages
précédentes ne prouvent qu'une chose, c'est qu'il
regarde comme démontré tout ce qu'il affirme.

Parmi les témoignages que j'ai cités, un certain
nombre appartiennent au xvi⁰ et au xvii⁰ siècles.
Mon contradicteur a-t-il le droit de les repousser
dédaigneusement, comme n'ayant aucune valeur
historique? Non ; car, que resterait-il de l'histoire,

s'il fallait ne croire qu'aux documents contemporains des faits et actuellement existants?

Sans doute, ces auteurs sont de quatre ou cinq siècles postérieurs au B. Ayrald. Mais ils avaient, pour s'éclairer, les traditions de l'Ordre et ses archives, en partie maintenant disparues ; mais leur récit est corroboré par les obituaires et par les traditions constantes de la Maurienne. Est-il permis, deux siècles plus tard, de déclarer, avec une autorité devant laquelle tout doit s'incliner, que leur récit n'est qu'un tissu d'invraisemblances et d'erreurs, parce que quelques documents du XIIᵉ siècle, qui n'ont pu ni être ignorés de ces historiens, ni convaincre les Bollandistes, pas même, en réalité, Le Coulteux, parlent d'un Ayrald, Tairold, Ariald..., doyen, archiprêtre, ensuite évêque de Maurienne ; comme si ce personnage devait être nécessairement le B. Ayrald, dont le Saint-Siège a confirmé le culte, avec la qualification de chartreux devenu évêque, et non un autre Ayrald dont l'épiscopat ait précédé celui-ci ?

M. Trepier affirme que ces auteurs se sont copiés les uns les autres (p. 142). Encore une affirmation gratuite. Tout ce qui ressort de leurs récits, c'est qu'ils ont puisé aux mêmes sources, et cette unanimité ne peut que donner une plus grande force à leur témoignage.

Il prétend exiger de nous des preuves contemporaines des faits que nous alléguons, toute autre étant de nulle valeur à ses yeux, et il va jusqu'à signifier magistralement à Dom Cyprien « que toute réponse nouvelle qui ne serait pas accompagnée, avec *fac-simile* à l'appui, de la publication intégrale de la *Vie* manuscrite du B. Ayrald, qui sert de base à sa thèse, serait considérée, *à priori*, comme un aveu d'impuissance et une défaite (p. 133). » On ne l'accusera pas de se contenter de peu, de la part de ses contradicteurs. Mais eux doivent être plus accommodants. Nous allons voir ce que prouvent les documents contemporains qu'il produit et nous prions le lecteur d'y chercher la preuve des faits suivants, entre autres, essentiels pour la démonstration de sa thèse :

1° Que l'épiscopat d'Ayrald, doyen de St-André et archiprêtre, s'est prolongé jusqu'en 1146.

2° « Qu'après son élévation à l'épiscopat, il a été, un moment ou un autre, moine de Portes (p. 151, 7ᵉ conclusion); » il ne s'agit plus ici de simple affilié.

3° Que cet Ayrald, ancien archiprêtre, a été honoré comme saint dans le diocèse de Maurienne.

Il ne la trouvera pas. M. Trepier a donc deux poids et deux mesures : pour nous, il faut des documents contemporains des faits, avec *fac-simile ;* pour lui, son affirmation et ses suppositions suffisent.

Quant à l'erreur de date sur l'épiscopat du B. Ayrald, dont il se fait une si commode fin de non-recevoir, elle s'explique par deux faits :

1° Un grand nombre de chartes du xiiᵉ siècle ne portent pas de date. Nous allons le constater par les Cartulaires mêmes de saint Hugues.

2° Après le B. Ayrald, le siège de Maurienne fut occupé par plusieurs chartreux et par un Ayrald II ou III, sur lesquels nous ne possédons que très peu de renseignements, ce qui peut avoir amené une confusion entre eux et le B. Ayrald.

Du reste, je le répète, la question de dates est ici tout à fait accessoire.

Il me reste à présenter au lecteur un témoignage dont la contemporanéité avec le B. Ayrald ne sera pas contestée.

Dans son rapport du 25 novembre 1858 sur les ossements de notre Bienheureux, M. le docteur Mottard s'exprime ainsi : « Il ne me semble pas que ce squelette soit celui d'un homme âgé, et tout me fait croire qu'il n'aurait pas même atteint la soixantaine. Le motif est celui-ci : que les sutures des os du crâne ne sont pas adhérentes comme elles le sont chez le vieillard. »

M. Trepier admet que le Bienheureux est monté sur le siège épiscopal de Maurienne en 1132 et qu'il est mort le 2 janvier 1146. Sa naissance ne peut donc pas être fixée avant l'année 1086. Donc, il aurait été depuis 1101 ou 1102, c'est-à-dire depuis l'âge de quinze ou seize ans, archiprêtre de S. Hugues et son collaborateur dans l'administration des affaires ecclésiastiques. Je suis convaincu que mon honorable contradicteur trouvera cela absolument inadmissible.

Il est plus raisonnable de nous en tenir aux traditions cartusiennes et mauriennaises. Ayrald, devenu évêque à l'âge de quarante-quatre ou quarante-cinq ans, n'était profès de la Chartreuse de Portes que depuis quelques années, et son biographe a pu dire en toute vérité : « *Ibi jugum sæcularitatis excussit......, ibi redegit ad brevem coronam luxuriantes capillos, ibi sericas vestes in horridum cilicium commutavit.* »

V

Les preuves de M. Trepier.

L'historien du Décanat de Savoie résume ainsi les preuves de sa thèse *(Réplique,* p. 144) : « Je tenais absolument à n'invoquer, en faveur de ma thèse, que des auteurs du XIIᵉ siècle, et par conséquent contemporains des faits. Ces auteurs s'appellent, on l'a vu : saint Hugues, dans vingt chartes de ses cartulaires ; Guigues-le-Chartreux, dans le prologue et le chapitre IV de la *Vie* de Saint Hugues ; l'auteur anonyme de la charte de Portes de 1135, et Geoffroy, abbé d'Hautecombe, dans sa vie de saint Pierre de Tarentaise. »

Reprenons une à une ces autorités et discutons-les brièvement.

A propos des cartulaires, j'avais écrit (Le B. Ayrald..., p. 3) : « Presque à chaque page, l'auteur, qui ne veut pas être cru sur parole, et il a raison, invite le lecteur à voir les pièces justificatives dont il indique soigneusement le numéro. Mais où sont ces pièces ? Dans un autre volume... qui n'est pas imprimé et qui, m'a-t-on dit, n'est pas près de l'être. En sorte que, pour le moment, malgré l'invitation gracieuse de M. Trepier, on est obligé, sur bien des points, de croire sans voir. Pour ce qui me concerne, je n'y répugne pas, généralement... »

M. Trepier se pique et me répond *(Réplique,* p. 44) : « Le reproche est d'autant moins fondé qu'il s'agit ici des quelques pièces justificatives tirées des

Cartulaires de saint Hugues. Or, ces Cartulaires sont publiés depuis bientôt 17 ans ; M. Truchet aurait donc pu y lire les chartes en question, même indiquées vaguement. »

Le fait est que j'ai ignoré jusqu'à présent que ces Cartulaires fussent imprimés et que, en 1879, ni à la Grande-Chartreuse, ni à Chambéry, personne ne m'en a parlé.

Ouvrons le volume des *Recherches* publié en 1879. Le B. Ayrald occupe 38 pages (325-363). L'auteur renvoie quatre fois aux Cartulaires de saint Hugues (p. 325 et 329) ; mais il y a huit renvois (p. 325, 326, 327, 350, 353), indiquant seulement les numéros, au nombre de 28, des *Pièces justificatives*. Pourquoi cette distinction, si celles-ci se trouvent également dans les Cartulaires ? Ne voyant aucune de ces pièces à la fin du volume, où était leur place, et entendant dire, à Chambéry, qu'elles paraîtraient dans un autre volume, plus tard, il était bien naturel que je me plaignisse un peu que, soulevant une controverse dans une question qui, à plusieurs points de vue, intéresse le diocèse de Maurienne et particulièrement l'auteur de son *Histoire hagiologique*, le secrétaire des commissions d'enquête de 1858, on indiquât comme preuves des documents dont on ne donnait pas le texte ni l'indication précise.

Trouve-t-on bien dans les Cartulaires les 32 pièces indiquées dans ces 12 renvois ? Le lecteur curieux pourra s'en assurer.

Les Cartulaires de saint Hugues ont été publiés, en 1869, par M. Jules Marion, Paris, Imprimerie

Impériale, sous ce titre : *Cartulaires de l'église cathédrale de Grenoble, dits Cartulaires de saint Hugues,*
un volume in-quarto de 556 pages. Il y a trois Cartulaires, ou recueils de chartes, marqués des lettres
A, B, C. Voici tout ce qu'ils contiennent sur Ayrald :

Cartulaire B — CIX — 1108 — Vente d'une pièce
de terre. « *Ecclesie Sancti Andree de Savogia et Heiraldo, decano.* »

CXVII — 4 juillet — IIII — Cession de dîmes
à la même église. « *In manu Eiraldi, decani... Teste
Heiraldo, decano, et Geraldo, socio ejus.* »

Cartulaire C — XIV — Sans date. — Reconnaissance en faveur de S. Hugues. Un des témoins :
« *Airaldus, decanus Sancti Andree.* »

XVIII — A la marge : « Circa 1145 » — Acquisi-
tion de dîmes par Hugues II. Un des témoins :
« *Airaldus, Mauriennensis episcopus.* »

XXXIX — 5 août IIII — Collation d'une cure.
Un des témoins : « *Eiraldus, decanus.* »

XL — A la marge : « Circa 1110 » — Vente de
dîmes à l'église de Saint-André « *et Heiraldo, decano... Testes sunt : ipse episcopus, et Heiraldus, decanus, et Geraldus, socius ejus...* »

XLI, XLII — A la marge : « Circa 1110, 1100 » —
Donation, achat de dîmes. « *Signum Airaldi, decani.* »

XLIII — A la marge : « Circa 1100 » — Achat de
diverses dîmes. « *Habuit ab Airaldo, decano... Di-
misit in manu Airaldi, decani... Emit Airaldus,
decanus.* » Un des témoins : « *Airaldus, decanus.* »

XLIV — A la marge : « Circa 1110 » — Donation

d'une maison. « *Dedit ipsi Petro Airaldus decanus.* »
Témoins : « *Airaldus, decanus, Geraldus, socius ejus,
et Geraldus, de Savoia.* »

LII — A la marge : « Circa 1110 » — Donation à
S. Hugues. Un des témoins : « *Airaldus, decanus de
Savocia.* »

CXXV — A la marge : « Circa 1140 » — L'évêque
Hugues II avait des difficultés avec un nommé
Léotard et ses frères, à propos d'une reconnaissance
de plaid. « *Cum quadam die*, dit l'évêque, *ante præ-
sentiam meam, placitandi causa, venissent, curia mea
prudentissimis et religiosissimis viris existente plena,
coram Airaldo, Mauriennensi, et Odolrico, Diensi
episcopo, hanc cartam mendacem et furtivam dixe-
runt.* » Un arrangement a lieu.

Que nous apprennent ces douze chartes, dont
deux ne sont pas de S. Hugues? Deux choses :

1° Que de *vers* 1100 à 1111 le doyen du chapitre
de Saint-André, le doyen de Savoie, s'appelait Hei-
rald, Eiral, Airald, ce que je n'ai jamais contesté.

2° Que *vers* 1140 et 1145, l'évêque de Maurienne
s'appelait aussi Airald, ce qui n'est pas en question.
Mais l'évêque Airald est-il le même personnage
que le doyen Airald? On ne peut le conclure de ces
textes, et c'est toute notre controverse.

M. Trepier cite une autre charte, le n° LIV du
Cartulaire C. Ce n'est pas qu'Ayrald y soit mentionné, mais elle lui fournit quand même un argument. « Ayrald, doyen de Saint-André, signe deux
chartes sans date (les n°s 14 et 42 du 111e Cartulaire)
avec Odolric, doyen de Grenoble... Le même Ayrald
en signe une autre, également sans date (n° 44 du

111ᵉ Cartulaire) avec Pierre de Saint-André. Le doyen Ayrald était donc contemporain du doyen Odolric et de Pierre de Saint-André. Or, ces deux personnages signent ensemble une charte (nᵒ 54 du 111ᵉ Cartulaire) qui porte la date du 8 mai 1124. Le doyen Ayrald, qui signait avec eux des chartes non datées, devait donc vivre, comme eux, vers 1124. »

Evidemment! Puisqu'il a signé avec eux des chartes sans date et qu'ils étaient vivants en 1124, Ayrald ne pouvait pas être mort à cette date !

N'oublions pas que M. Marion place ces chartes sans date *circa annum 1110.*

S. Hugues étant mort le 1ᵉʳ avril 1132, le pape Innocent II ne tarda pas à l'inscrire au catalogue des Saints et il enjoignit à Guigues, prieur de la Chartreuse, d'écrire l'histoire de sa vie et de ses miracles. La lettre est datée de Pise le 10 des calendes de mai. Les Bollandistes (1ᵉʳ avril) mettent en note : « *Anno 1134.* »

Dans le prologue, Guigues, parlant de l'ordre que lui a fait le Souverain Pontife, dit : « *Rogaverant quidem idipsum jampridem complures alii, sed maxime non spernendæ auctoritatis Airaldus et Hugo, Mauriennensis et Gratianopolitanus episcopi : e quibus prior habitu et vita regularis, beati viri in tractandis ecclesiasticis rebus per triginta fere comes extitit annos ; posterior vero ex nobis monachus, ita ei in ecclesiastico regimine successit, ut propter diuturnam ac vehementem infirmitatem ipsius, in ejus locum, ipso petente vestraque pietate jubente, priusquam obiret ipse, consecraretur.* »

Dans le chapitre IV : *Oculorum et aliorum sen-*

suum ac linguæ sancta custodia, on lit : « *De qua etiam cohibentia sensuum dum vice quadam cum religiosis quibusdam colloqueretur (inter quos erat vir litteris et puritate conspicuus, Dominus scilicet Airaldus, Archipresbyter tunc ipsius, nunc Mauriennensis Episcopus), respondit idem vir Domini Airaldus passim se mulieres aspicere, nec earum sibi nocere contuitum ; est enim castissimus.* »

Donc, concluait M. Trepier, le B. Ayrald, évêque de Maurienne au moment où Guigues écrivait la vie de S. Hugues, c'est-à-dire en 1134 ou 1135, avait été, non pas chartreux, mais archiprêtre de S. Hugues, son collaborateur dans l'administration du diocèse de Grenoble pendant trente ans ; et, convaincu, bien qu'aucun texte ne le dise, sauf peut-être, indirectement, ces mots : *per triginta fere annos,* qui nous reportent vers 1100, que l'archiprêtre Ayrald était le même que le doyen Ayrald des Cartulaires, il ajoutait qu'il avait donné sa collaboration à S. Hugues en qualité de doyen de Saint-André de Savoie.

J'aurais pu faire remarquer à l'auteur des *Recherches* que, pour démontrer sa thèse, il ne suffit pas de prouver qu'Ayrald, évêque de Maurienne en 1134, avait été archiprêtre de Saint-Hugues et doyen de Saint-André ; mais qu'il faudrait encore prouver que cet Ayrald est le même qui est mort en 1146 et qui est honoré d'un culte religieux, ce qu'il n'a pas fait.

Je ne me suis pas placé à ce point de vue et j'ai répondu en substance :

— 48 —

1° Que rien ne prouve que le doyen de St-André soit l'évêque Ayrald de 1132 à 1146.

2° Qu'*habitu et vita regularis* ne désigne pas nécessairement un chanoine régulier.

3° Que ces textes ne prouvent pas l'identité du doyen de Saint-André et de l'archiprêtre de S. Hugues.

4° Que *nunc* peut marquer aussi bien le temps où Guigues prenait les notes dont il a dû se servir plus tard, que celui où il écrivit définitivement la vie de S. Hugues.

5° Que ce seul mot ne peut suffire pour anéantir les traditions des Chartreux et du diocèse de Maurienne, constatées par tant de témoignages.

6° Que, malgré ce texte, les Bollandistes n'ont pas hésité à penser qu'il s'est glissé une faute de copiste, ou une interpolation dans le texte de Guigues, et que l'Ayrald dont il parle, est Airald, évêque de Maurienne en 1125. J'ajoute que cette faute ou cette interpolation ne serait pas la seule. Parlant de l'excommunication de l'empereur Henri V, la Vie de S. Hugues dit : « *Qua excommunicatione, Ecclesiæ suæ Domino roborante sententiam, tyranni illius in contrarium est mutata prosperitas, et Imperiali dignitate privata posteritas;* » or, Henri V n'a pas eu de postérité.

M. Trepier maintient ses affirmations. Le texte de Guigues vaut plus que toutes les traditions, que tous les documents qui les constatent; celles de la Maurienne sont « vagues, contradictoires, incertaines et postérieures de plusieurs siècles au texte de Guigues (p. 55). » C'est lui qui affirme tout cela

et il ajoute : « Les Chartreux ont mieux que des
traditions. Ils ont ce texte clair, catégorique, tracé
au xiiᵉ siècle par la plume de l'un de leurs plus
illustres pères, celle du prieur Guigues. » Oui, ils
ont ce texte, ils ne l'ignorent point, ni ne le contes-
tent ; mais ils disent, et nous avec eux, que ce n'est
pas de cet Ayrald qu'il s'agit, mais d'un autre qui
fut évêque après lui et qui avait été chartreux. Le
raisonnement de M. Trepier revient à ceci : Guigues
ne parle que d'un Ayrald archiprêtre ; donc, il n'a
existé aucun Ayrald chartreux.

Dom Cyprien a employé un autre moyen pour
concilier le texte de Guigues avec nos autorités. Il
a admis deux Ayrald sur le siège de Maurienne,
entre Conon II et Bernard I de Portes : Ayrald I, de
1132 à 1137 ou 1138, c'est l'archiprêtre dont parle
Guigues ; le B. Ayrald II, de 1131 à 1146, c'est le
chartreux de nos traditions.

Naturellement, M. Trepier *(Réplique,* p. 88) m'op-
pose à Dom Cyprien et il cite ce passage de ma brochure : « M. Trepier a parfaitement raison de ne pas
admettre, avec certains auteurs, qu'il y ait eu succes-
sivement en Maurienne, de 1132 à 1146, deux évêques
du nom d'Ayrald... Cette division, rejetée par nos
documents diocésains, n'est qu'un expédient de con-
ciliation sans valeur historique ». Cela est vrai,
d'après nos documents diocésains. Angley, Combet
qui écrivait l'histoire de nos évêques sous l'épiscopat de Mᵍʳ de Martiniana, Jacques Damé qui rédi-
geait un siècle plus tôt sa Chronique du Chapitre,
n'en mentionnent qu'un, le B. Ayrald, enseveli dans
le tombeau de S. Pierre, chartreux avant son épis-

copat. Quant à notre cartulaire, publié par Mgr Billiet, il ne contient aucune pièce entre les années 1123 et 1153.

M. Trepier a d'autres arguments que ma petite autorité contre la thèse des deux Ayrald.

Dom Cyprien devrait fournir la preuve de la mort ou de la démission de l'évêque Ayrald, précédemment chanoine régulier ; car le fait de son élection en 1132 « est prouvé jusqu'à l'évidence, et universellement admis. » Il n'y en a pas d'autre preuve que le texte de Guigues. Angley, Combet et Besson, qui donnent cette date de 1132 et que j'ai suivis, l'indiquent comme la date de l'élection d'Ayrald, chartreux, et non de l'archiprêtre dont ils ne parlent pas, ou plutôt dont ils n'admettent pas, à cette date, l'existence comme évêque de Maurienne.

Entre le mois de janvier 1138, *époque supposée de la mort d'un prétendu premier Ayrald,* et le 11 mars de la même année, où un second Ayrald signait une charte à Saint-Maurice en Valais, il n'y a que deux mois, laps de temps bien insuffisant pour l'élection, la confirmation, le sacre, la prise de possession d'un évêque et son voyage en Valais. M. Trepier a ici une distraction. Dom Cyprien ne détermine pas la date de la mort du premier Ayrald ; il dit : *avant 1138,* ou, ce qui revient au même, que le second Ayrald siégeait déjà en 1138. La date de janvier se rapporte à l'année 1146, où mourut l'évêque Ayrald, qui serait le second dans l'hypothèse de Dom Cyprien. Cette date de janvier 1146 est certaine : car il existe un diplôme de l'empereur Conrad, adressé à Humbert, archevêque de Vienne, et à ses suffragants, au nombre desquels est mentionné Bernard, évêque de Maurienne, et datée de l'année 1146 *in die apparitionis Domini* (Combet, *Preuves,* n° 47) ; le 2 janvier est marqué dans l'obituaire du Chapitre.

D'ailleurs, le voyage d'Ayrald en Valais, à une date si rapprochée de son arrivée à Saint-Jean, s'explique par l'importance de l'affaire qui l'occasionna. Il s'agissait de mettre fin à de graves contestations qui existaient depuis longtemps entre l'abbaye de Saint-Maurice et le comte de Savoie.

Cette charte de Saint Maurice fournit un argument à M. Trepier. Elle ne contient pas un mot relatif à l'état de vie d'Ayrald avant son épiscopat. Mais, tandis qu'elle ne désigne les autres évêques présents que par leurs noms et leurs sièges, elle appelle Tairold (Ayrald) « *vir magnæ maturitatis et consilii.* » Sur quoi M. Trepier demande : « Comment expliquer cette qualification exceptionnelle, appliquée à un évêque tiré la veille de son cloître ? Elle n'a, au contraire, rien que de très naturel, si cet Ayrald est l'ancien doyen de St-André, le collaborateur de S. Hugues, honoré de l'épiscopat depuis six ans. » On conviendra que ce n'est pas là une preuve ; on peut répondre que le second Ayrald avait près de cinquante ans et qu'en outre, sa naissance illustre, l'éducation qu'il avait reçue, le sacrifice qu'il avait fait en s'immolant dans un cloître, ses vertus éclatantes suffisaient, dans l'hypothèse de Dom Cyprien, pour le faire considérer exceptionnellement comme un homme de grande maturité et de sage conseil.

Une autre objection, de même nature, est tirée de la Vie de S. Pierre de Tarentaise, par l'abbé Geoffroi (Bollandistes, 8 mai). On y lit :

« *Præsidebat vero Maurianensi ecclesiæ magni meriti Bernardus Episcopus, sicut in ea potissimum regione fœcunda virorum paupertas, plures sibi contemporaneos insignes edidit sacerdotes, sanctum videlicet Hugonem Gratianopolitanum, Joannem Valentinum, Isindionem Idiensem, Airaldum et Bernardum Maurianenses, nostrum hunc Tarentasiensem Petrum, Anthelmum Bellicensem.* »

Voici le raisonnement de M. Trepier contre l'hypothèse de Dom Cyprien (p. 96) : l'abbé d'Hautecombe ne mentionne qu'un Ayrald parmi les grands évêques qui illustraient la région circonvoisine. Or, s'il y en avait eu deux, il n'aurait pu vouloir passer sous silence ni celui qui était mort en 1146, laissant une réputation de sainteté confirmée par de fréquents miracles, ni son prédécesseur, au savoir et à la vertu duquel Guigues rendait en 1134 un éclatant hommage.

Pour que la conclusion qu'il prétend tirer fût logique, il faudrait que l'abbé Geoffroi eût eu l'intention de citer tous les prêtres illustres que la région a produits au XIIe siècle. Or, telle n'a pas été sa pensée ; car, pour ne donner qu'un exemple, il passe sous silence plusieurs évêques qui illustrèrent en ce temps le siège de Belley : S. Arthaud, le B. Ponce de Balmey, le B. Nantelme, etc., etc.

Quoi que fasse notre contradicteur, s'il rejette mon hypothèse, il est difficile qu'il échappe à celle de Dom Cyprien. Résumons les faits et les dates.

Guigues et les cartulaires prouvent qu'en 1134, Ayrald, archiprêtre et doyen de Saint-André de 1101 à 1132, était évêque de Maurienne. Admettons-le.

A moins de supposer une hallucination ou une conspiration également absurdes, l'évêque Ayrald, mort le 2 janvier 1146, avait été chartreux ; c'est celui qui a toujours été honoré comme bienheureux et auquel se rapportent les décrets du Saint-Siège.

Entre ces deux dates de 1134 et de 1146, nous avons des chartes de 1135, de 1138, de 1139, de *vers* 1140, de 1143 et de *vers* 1145, où se trouve le nom d'*Ayrald, évêque de Maurienne*, sans autre qualification ni explication : elles ne prouvent donc rien dans notre débat.

L'archiprêtre s'est-il fait chartreux après s'être démis de son siège épiscopal ? Non : 1° rien ne le prouve ; 2° nos témoins affirment que le B. Ayrald était chartreux avant d'être évêque ; 3° si d'évêque il était devenu chartreux, il l'aurait été en 1143 ou au moins en 1145 ; or, la charte de 1143 et celle que M. Marion fixe vers 1145 le disent évêque de Maurienne en ce moment.

Donc, il faut admettre, ou une faute de copiste dans le texte de Guigues, ou deux Ayrald successifs entre 1132 et 1146 : le premier, chanoine régulier ; le second, chartreux. Dans l'une et l'autre hypothèses, l'archiprêtre Ayrald n'est pas le B. Ayrald.

Il me reste à parler de la charte de 1135. C'est une donation faite à la Chartreuse de Portes par Antelme de Bennonce. Le Coulteux l'a insérée dans ses Annales Cartusiennes et M. Trepier la reproduit textuellement dans sa *Réplique* (p. 127) comme une preuve de sa thèse.

Le préambule de Le Coulteux commence ainsi : « *Annus Redemptionis 1135 ordine sequitur, indictione X° et III°, quo* Noster *Hugo Gratianopolitanus et Airaldus Maurianensis Episcopi ad Portarum Cartusiam se conferentes, celebrem sua presentia confirmarunt donationem Monachis ejusdem loci factam per virum nobilissimum Richardum de Benuntia...* » Il ne faut pas oublier que ce *Noster,* qui distingue Hugues II, ancien chartreux, d'Ayrald, est de Le Coulteux. Il est bon de noter aussi que, quelle que soit l'autorité de Le Coulteux, que nous allons étudier, ce *Noster* ne peut pas être opposé à Dom Cyprien.

La donation est du 5 mai 1135. On y lit : « *De parte autem consanguineorum suorum, nam et illam sicut et cætera donavit, promisit se facturum quod cognoscerent episcopi Hugo Gratianopolitanus et Airaldus Maurianensis...* »

Dans un acte de confirmation du 8 du même mois, Antelme de Bennonce « *In manu Episcoporum Hugonis Gratianopolitani et Airaldi Maurianensis eamdem donationem cum fratre suo Petro iteravit...* »

Donc, au mois de mai 1135, les évêques Hugues de Grenoble et Ayrald de Maurienne se rendirent à la Chartreuse de Portes. C'est tout. Ayrald allait-il à Portes pour la première fois ? N'y retourna-t-il pas dans la suite ? Avait-il été profès de cette Chartreuse, ou chanoine régulier de Saint-André ?

Je confesse que mes yeux ne voient rien sur tous ces points dans cette charte.

En somme, les quatre preuves de M. Trepier se réduisent aux textes de Guigues-le-Chartreux, sur lesquels il a à choisir entre l'hypothèse de Dom Cyprien et la mienne, la sienne ne pouvant détruire les nombreuses autorités qui s'élèvent contre elle.

VI

Le Coulteux et les Bollandistes.

M. Trepier ne reproduit pas intégralement les passages où Le Coulteux parle du B. Ayrald. Je me suis moi-même contenté de donner la traduction française pour une partie de ces textes, et M. Trepier me le reproche. Je vais donc les reproduire tout entiers.

A l'année 1134, on lit à la marge :

An Airaldus de quo in vita S. Hugonis fuerit Cartusiensis.

Airaldus Maurianensis episcopus de quo fit mentio in præfatis Guigonis ad Innocentium litteris, non ex Portarum monacho, ut recentiores auctores scribunt, sed ex canonico regulari ad hanc sedem evectus est. Vestem siquidem regularium canonicorum ipsum gessisse etiam episcopum Guigo eisdem litteris indicat dum sic loquitur : Airaldus et Hugo Maurianensis et Gratianopolitanus episcopi, equibus, etc... Quis non videt his verbis regularem distingui a monacho? ac proinde Airaldum

fuisse ordinis Canonicorum regularium, Hugonem vero
nostri instituti monachum ? Certe, si uterque fuisset
cartusiensis professionis, cur Guigo priorem (videlicet
Airaldum) dixisset habitu et vita regularem, posteriorem
vero (nempe Hugonem) ex nostris monachum ? Ex alio
loco ejusdem vitæ S. Hugonis colligimus eumdem Airaldum ex archipresbytero factum fuisse episcopum. Ibi
enim enarrans Guigo quanta cum custodia Sanctus Hugo
sensus suos cohiberet, de Airaldo sic iterum loquitur :
De qua enim cohibentia sensuum, etc... Non equidem
plane his verbis dicitur Airaldus ex archipresbytero
episcopus creatus ; sed id satis innuit Guigo loco prius
citato, dicens ipsum ante episcopatum per triginta ferme
annos comitem S. Hugonis extitisse in tractandis ecclesiasticis rebus. Quemdam Ayraldum Maurianensi ecclesiæ anno 1125 præfuisse Sammarthani dicunt, quem
non puto ab Airalddo distinguendum. Quandonam vero
obierit hactenus incompertum. Ei vero successisse vide-
tur alter ejusdem nominis, quem constat sedem Maurianensem jam tenuisse anno 1138, quo G. vel potius
S. archiepiscopus viennensis factam ecclesiæ maurianensi per nepotem suum Airaldum pontificem donationem confirmavit. Anno quoque 1143, 3 calendas aprilis,
Amedeus Sabaudiæ comes laudavit in sacrata manu
Airaldi Episcopi Mauriennensis redditionem præposi-
turæ Agaunensis ecclesiæ factam canonicis sancti Mau-
ritii. Hunc a nobis ad infulas assumptum fuisse alibi
probabimus.

La marge porte cette note : « *V. anno 1146.* »

Ici, l'opinion de Le Coulteux est donc : 1° que
l'évêque Ayrald dont parle Guigues, n'était pas
chartreux, mais chanoine régulier ; 2° que cet évêque est Aicald ou Airald, qui siégeait en 1125 ;
3° qu'il a eu pour successeur un autre Airald, qui

gouvernait le diocèse de Maurienne en 1138 et en 1143, et qui avait été chartreux. Le renvoi de la preuve à l'année 1146 prouve qu'au moment où il écrivait ces lignes, il était convaincu qu'Ayrald avait passé de la Chartreuse sur le siège épiscopal de Maurienne. Et pourquoi cet historien si méticuleux avait-il cette conviction? sinon parce que c'était celle de son Ordre et qu'il l'avait puisée dans les documents de ses archives.

Au commencement de l'année 1146, on lit à la marge :

Airaldus Maurianensis episcopus moritur. — Ex ms. Ecclesiæ Maurianensis.

Sequitur Redemptoris annus 1146, indictione nona, quo vel circa quem decessit aut abdicavit Airaldus Maurianensis episcopus, quondam monachus, non vero prior Cartusiæ Portarum. Ejus obitus variis in calendariis ponitur ad 4 nonas januarii. In Majorævensi sic legebatur : Obiit Airaldus, monachus, episcopus Maurianensis. In Arveriensi : Airaldus, monachus, episcopus, nulla facta mentione Cartusiæ et ecclesiæ cui præfuerit ; sed utraque nominatim designatur in necrologio Lugdunensis ante annum 1275 exarato : Obiit Airaldus, monachus quondam Portarum, episcopus Maurianensis ecclesiæ ; ejusque epitaphium, sepulchro appensum, monachalis professionis his verbis meminit..... *(J'ai donné précédemment cette épitaphe.)*

Ex his satis liquet Airaldum aliquando, ut diximus, vitam fuisse Cartusiensem professum. Sed constanter asseveranus hunc vel alium esse ab Airaldo, cujus Guigo noster in vita sancti Hugonis honorifice meminit ; vel certe, si idem est, cartusiensem vestem tantum induisse post adeptum episcopatum, non vero antea. Ex his enim quæ diximus ante duodecim annos sole clarius apparet hunc ex sancti Hugonis archipresbytero ad eam dignitatem evectum fuisse. Ejus vita a recentiore quodam auctore scripta multorum in manibus tum Cartusiensium, tum alterius professionis virorum habetur ; sed tot adjunctis veritati parum consonis referta, ut his eam Annalibus inserere minus æquum duxerimus. Nec etiam tempus censemus terendum in opinione eorum refutanda, qui putant eum ex domus Portarum Priore episcopum electum fuisse, et suæ Ecclesiæ ab anno 1145 ad annum 1167 præfuisse. Constat enim ex accurato præfatæ Priorum Cartusiæ catalogo nullum hujus nominis ipsam unquam rexisse. Præterea Airaldus jam erat episcopus anno 1143, ut videre est apud Guichenonem. Eamdemque Ecclesiam gubernasse inveniuntur Barnardus anno 1146, ut legitur in Bibliotheca Floriacensi in privilegio Conradi Romanorum regis, et post annum 1152, juxta Sammarthanos, ut colligitur ex vita S. Petri Tarentasiensis ; et Petrus anno 1167, juxta Sammarthanos. Porro nostrum Airaldum, si tamen noster est *(ces mots ont été ajoutés sur la ligne)*, inter hujus temporis Præsules meritis celebres annumerat auctor vitæ præfati S. Petri : In ea, inquit, potissimum regione, etc.

En résumé : 1° Le Coulteux répète ce qu'il a dit à l'année 1134 : l'évêque Ayrald, mort en 1146, n'est pas celui dont il est parlé dans la Vie de S. Hugues, ou, si c'est le même, il n'a été chartreux qu'après avoir abdiqué l'épiscopat ; 2° il n'a pas été prieur de Portes ; 3° son épiscopat ne peut pas être placé entre les années 1145 et 1167. Quant à la phrase dubitative *si tamen noster est,* il semble qu'il n'y a pas à en tenir compte. Je n'ai pas gardé un souvenir assez précis de l'écriture pour dire si elle est ou si

elle n'est pas de Le Coulteux. Fût-elle de lui, elle
ne peut être considérée comme une rétractation de
ce qu'il avait écrit à l'année 1134, rétractation qu'il
n'eût pas manqué de faire d'une manière formelle,
étant donné son caractère, si de nouveaux documents l'avaient amené à douter d'un fait qu'il avait
alors si nettement affirmé.

Le Coulteux raconte la levée du saint corps faite
par Mgr Paul Millet et ajoute : « *Certe si post abdi-
catum episcopatum Airaldus Cartusiensis factus est,
ad suam Ecclesiam debuit cleri efflagitatu transpor-
tari.* »

On a vu ce qu'il faut penser de cette abdication
supposée, qui n'a d'autre fondement que l'impossi-
bilité que voit Le Coulteux, dans l'hypothèse d'un
seul Ayrald, à concilier les textes de Guigues avec
les témoignages irrécusables qui font du B. Ayrald
un religieux de l'Ordre de S. Bruno.

Nous arrivons aux Bollandistes qui, eux aussi,
avaient, dans leurs notes sur les Vies de S. Hugues
et de S. Pierre de Tarentaise, donné la fausse date
de 1145 à 1167 pour l'épiscopat du B. Ayrald. Leur
opinion définitive se trouve dans le *Commentarius
historicus* mis en tête de la Vie de S. Rosseline (11
juin). Ils s'étaient adressés à Dom Charles Le
Coulteux, au sujet de plusieurs questions qui les
embarrassaient sur la vie de cette sainte. Dans sa
réponse, celui-ci leur parle des nombreuses erreurs
qu'a commises le jésuite Théophile Raynaud en
son *Stylita Mysticus*, et il dit :

Unum pono exemplum. Puncto 10. § 6 scribit, Airaldum datum Maurianensem Episcopum ab anno MCXLV

ada nnum MCLXVII. Idem habent manuscripta quæ adm.
R. tua Paternitas laudat in vita S. Hugonis Gratianopolitani : sed quomodo Airaldus factus est tantum
episcopus anno MCXLV, qui jam sedebat anno MCXXXIV,
ut noster Guigo aperte declarat, in Prologo ad Vitam S.
Hugonis? Imo quomodo idem Airaldus dici potest monachus Cartusiensis, qui in eodem prologo alteri instituto
adscribitur his verbis? Airaldus et Hugo, Maurianensis
et Gratianopolitanus episcopi, e quibus prior habitu et
vita regularis, posterior vero ex nobis Monachus, etc.

On voit toujours la même préoccupation : comment Ayrald, chanoine régulier d'après Guigues,
pouvait-il avoir été chartreux ? La réponse est toute
simple : il y a eu deux Ayrald. C'est ce que conclut
tout de suite le P. Papebrock.

Ergo Airaldus Regularibus Canonicis restituendus
est. Istius S. Hugonis Vitam edidit et notis illustravit
Henschenius 1 Aprilis : ubi ad Prologum litt. a, ex
Sammarthanis transcribit eumdem anachronismum,
cum addito quod ante Episcopatum Airaldus iste fuerit
Prior Cartusiæ Portarum, quod erit in Supplemento
corrigendum. Neque enim (ut rerum historicarum impe-
riti existimant) quidquam decedet operis nostri aucto-
ritati, cum aliquid in eo corrigendum ostenditur; vel
ultro ipsi indicamus posteriori diligentia animadver-
sum, quod antehac inobservatum præteriit. Interim
suggero, in ipso fortassis qui illustrandus erat contextu,
latere vitium, et pro Ayraldo legendum Aycaldum,
quem Sammarthani ponunt Ayraldi Carthusiani deces-
sorem, ex publicis scripturis notum pro anno MCXXV.
Hic, ante Episcopatum *Gratianopoli* Canonicus Regularis, *beati viri Hugonis in tractandis ecclesiasticis
rebus per triginta fere comes extiterit annos :* et sic
maneret Carthusianus Ayraldus ; sed ad vitam S. Hu-

gonis non pertinebit ; talis autem manebit ad Vitam
S. Petri Tarentasiensis viii Maii, ab eodem Henschenio
illustratam, Concutiendo scilicet et succutiendo paula-
tim eruitur latens veritas : non statim sese tota prodit.

Ainsi, après les observations de Le Coulteux, le
P. Papebrock ne croit pas plus possible de supprimer, sur le siège épiscopal de Maurienne, le
chartreux Ayrald que le chanoine régulier Aicald
ou Airald. Mais il laisse subsister deux erreurs :
1° il maintient la date de 1145 à 1167 indiquée par
Henschenius, dans la Vie de S. Pierre de Tarentaise, pour l'épiscopat du chartreux Ayrald ; 2° en
voyant dans Aicald de 1125 le chanoine régulier
Airald, siègeant encore en 1134, il lui donne, avec
les Frères de Sainte-Marthe, pour successeur immédiat le chartreux Ayrald, tandis qu'il faut recon-
naitre en 1127, sur le siège de Maurienne, Conon II,
qui cette année-là confirma à Guillaume, abbé de
la Novalaise, la possession d'un grand nombre
d'églises de son diocèse.

J'espère avoir démontré qu'il n'y a que deux ma-
nières admissibles de résoudre la difficulté : celle
que j'ai proposée et celle qu'a adoptée Dom Cyprien. Si celle-ci parait plus rationnelle à M. Trepier, je m'y rendrai volontiers et je ne vois pas
pourquoi nous tiendrions, l'un ou l'autre, à être
de ces ignorants en fait des choses historiques,
comme dit le P. Papebrock, qui s'imaginent dimi-
nuer la valeur de leur œuvre, en reconnaissant
qu'elle contient une erreur qu'il faut corriger. Les
Recherches sur le Décanat de Savoie ne resteront pas
moins, après cette correction, un très important et
très intéressant ouvrage.

VII

Quelques observations.

Je ne puis terminer sans dire un mot du 1ᵉʳ chapitre de la *Réplique*. C'est une lettre, ou plutôt le
résumé, fait par l'auteur, de diverses lettres qu'il
affirme avoir reçues et qui, ajoute-t-il, ont été visi-
blement concertées entre ses correspondants (p. 2).
Pourquoi lui ont-ils écrit?

« Je soutenais, dit-il, que s'il (le B. Ayrald) était,
une fois ou une autre, devenu momentanément
chartreux profès, ce ne pouvait être que *pendant* ou
après son épiscopat. »

Il avait été plus affirmatif que cela. A la page 354
des *Recherches,* on lit : « Il est certain que l'évêque
Ayrald, mort le 2 janvier 1146, avait été, lui, pendant un temps dont on ne connait pas la durée,
chartreux de la maison de Portes ; les documents
qui l'affirment sont trop nombreux et trop unanimes pour qu'il soit permis d'en douter. »

Cette affirmation est répétée à la page 359 et l'auteur ajoute : « Pour concilier ces deux faits également démontrés (Ayrald, doyen de Saint-André, et
Ayrald, chartreux), il faut nécessairement admettre
qu'Ayrald est devenu chartreux, ou durant une
courte interruption de son épiscopat en Maurienne,
ou vers la fin de ce même épiscopat. »

« Ce paragraphe, dit-il dans sa *Réplique* (p. 2), m'a
valu de nombreuses contradictions : les unes ver-
bales, d'autres manuscrites et d'autres imprimées. »

Ce sont les contradictions manuscrites qu'il condense sous forme de lettre à lui adressée. Les correspondants se sont efforcés de lui démontrer qu'Ayrald n'a jamais été chartreux, pas plus *pendant* ou *après* qu'*avant* son épiscopat; mais leur démonstration ne l'empêche pas de renouveler, à la fin de sa brochure (7° conclusion), la concession qu'il a faite aux *nombreux* et *unanimes* documents, après qu'il n'a négligé aucun moyen pour établir qu'ils n'ont absolument aucune valeur.

Voici le raisonnement qu'il avait fait (p. 6). L'épitaphe d'Ayrald et les obituaires l'appellent : *Monachus Episcopus... Monachus Portarum, Episcopus Maurianensis...* Le Coulteux écrit : *Ex his satis liquet. Airaldum aliquando, ut diximus, vitam fuisse Cartusiensem professum.* Donc, avait conclu l'auteur des *Recherches*, puisque j'ai clairement démontré qu'il n'a pas été chartreux de Portes avant son élévation à l'épiscopat, il l'a été après.

Ce raisonnement n'a pas convaincu les correspondants, et, après s'être concertés, ils ont écrit :

« Votre conclusion serait en effet inattaquable et sans réplique possible : si le mot latin *monachus,* ou *monachi,* n'était susceptible que d'une seule acception ; mais il est susceptible de plusieurs. Sans doute, il est plus souvent pris dans le sens de véritables moines, de moines qui ont fait réellement profession de la vie religieuse. Mais il est pris aussi, parfois, dans le sens de personnages étrangers à l'Ordre, *extranei* ou *laici,* que les religieux, chartreux ou autres, admettaient comme frères ou comme moines... *in fratres... vel in fratres et mona-*

chos, à la participation de leurs prières, pénitences et autres bonnes œuvres.

« C'est ce que du Cange explique très bien dans son *Glossaire de moyenne et basse latinité.* De l'expression *monachatus,* il renvoie au mot *fraternitas,* sous lequel on lit, au n° 5 : *Fraternitas de laicis dicitur qui in participationem orationum, suffragiorum et beneficiorum monachorum ab iis admittebantur; qui in fratres, vel in fratres et monachos recipi dicuntur apud Eckehardum...* De là vient, ajoute-t-il, que cette fraternité est appelée *monachat* dans les anciens statuts des chartreux... »

Donc, disent les correspondants, « de ce qu'un personnage est qualifié *moine, monachus,* dans un ou plusieurs obituaires, on n'a pas toujours le droit de conclure qu'il a réellement été religieux profès. Il peut très bien avoir été simplement admis au monachat, *in fratrem vel monachum receptus,* et n'être devenu que moine *assimilé* ou *affilié.* »

Tout le reste de la lettre développe les motifs pour lesquels les correspondants estiment qu'Ayrald a pu être moine affilié et qu'il n'a pas été autre chose.

Voilà ce que « quelques amis de diocèses voisins » ont écrit à M. Trepier, ou plutôt ce qu'il s'objecte à lui-même, d'après leurs lettres. Il semble qu'il eût été plus simple de donner le texte de la lettre et la signature de l'un de ces correspondants, puisqu'ils disaient tous la même chose. Mais peu importe; ce que j'aurais aimé à connaître, c'est l'impression que ces dissertations, venues de divers diocèses, ont faite sur lui. Il se contente de dire

(p. 2) que leurs arguments ne lui paraissent pas sans valeur et qu'il laisse au lecteur le soin d'en apprécier le mérite et le bien fondé. Cependant, tout à fait à la fin de la *Réplique* (7e et 8e conclusions), on voit qu'il a été au moins fortement ébranlé. « Ayrald, dit-il, *après* son élévation à l'épiscopat, a été, un moment ou un autre, moine de Portes. L'a-t-il été en qualité de véritable moine *profès*, ou en celle de simple moine *assimilé* ou *affilié? Ad huc sub judice lis est*. Mais les arguments divers allégués par ses auteurs, en faveur de la deuxième hypothèse, paraissent lui assurer un assez fort degré de probabilité et de vraisemblance. »

Je confesse nettement que, vérification faite, *les arguments,* ou plus exactement *l'argument* (il n'y en a qu'un) des correspondants ne me parait conférer à leur hypothèse aucun degré de probabilité ni de vraisemblance.

M. Trepier, qui les a crus sur parole, pourrait les inviter à répondre à ces deux questions :

Pourquoi, cherchant dans du Cange le sens précis et complet du mot *monachus,* se sont-ils arrêtés au mot *monachatus,* qui ne se trouve dans aucun des documents qui concernent le B. Ayrald, et est par conséquent en dehors de la question?

Pourquoi ont-ils supprimé la moitié du renvoi mis par du Cange au mot *monachatus?* Le voici tout entier : *Monachatus. Vide Fraternitas et Monachi.*

Ce double renvoi signifie évidemment que le monachat comprenait et les laïques admis à la fraternité des moines, reçus par eux comme frères, comme participants à leurs prières et à leurs mérites, et les moines proprement dits. Ayrald est appelé *monachus* tout court. Donnait-on cette qualification aux frères, aux affiliés? Là est la question.

Dans l'article *Fraternitas* seul cité par les correspondants, on trouve, après l'explication du mot qu'ils ont copiée, des exemples tirés de diverses chartes : *Frater et particeps beneficiorum... Fraternitatem monachorum suscipiens... Frater noster devenit... Fraternitatem monachorum, quam olim in infantia acceperat, renovavit... Receptus est in fratrem et comparticipem omnium bonorum ecclesiæ... Accepimus societatem corporis et animæ in monasterio...,* etc. On le voit, *frater* est absolument distinct de *monachus.*

Les Ordres religieux ont généralement conservé l'habitude d'accorder de ces lettres d'affiliation à leurs bienfaiteurs et à leurs amis. Pour ne citer qu'un exemple, S. François de Sales en avait reçu des Barnalistes, des Feuillants, des Minimes, des Capucins et des Chartreux (Hamon, t. II, p. 340). Etait-il donc devenu par là membre de tous ces Ordres et s'est-on jamais avisé de le qualifier de moine?

Que signifiait et que signifie encore ce mot *monachus?* Du Cange va nous le dire : « *Monachi appellabantur qui, strictioris vitæ Christianæ intuitu, in solitudines recedebant, vitato omni hominum consortio.* » Il énumère ensuite les trois espèces de moines : les Cénobites, les Anachorètes et les Sarabaites, auxquels S. Benoît ajoute les Gyrovagues. Il dit que *monachus,* sans indication de famille religieuse, désigne un bénédictin ; mais je pense que personne ne songe à introduire le B. Ayrald dans l'Ordre de S. Benoît.

Plus loin, cependant, Du Cange a un passage que l'on pourrait nous objecter et que voici : « *Alia iterum erat Monachorum species, eorum scilicet qui in monachicam fraternitatem adscripti, non in orationum modo, sed et in rerum temporalium participationem admittebantur. Ii monasticam vestem aliquando induturos se profitentes, monachorum privilegiis et immunitatibus gaudebant, adeo ut eorum causis, prout suis, patrocinarentur monachi. Unde ab iis distinguendi videntur, qui nude in fratres assumpti, licet interdum monachi appellati, tamen nonnisi orationum suffragiorumque monachorum participes erant. Vide* Fraternitas. »

Voilà une interprétation du mot *monachus* qui semble donner raison à M. Trepier, je veux dire à ses correspondants. Oui, mais à une condition, c'est que l'on admettra et que l'on prouvera que le B. Ayrald s'était engagé à prendre l'habit de chartreux, *monasticam vestem aliquando induturos se profitentes ;* ou qu'au moins l'on veuille que, quoique doyen de Saint-André et archiprêtre de S. Hugues, il était laïque. *Fraternitas de laicis dicitur qui in participationem,* etc. Notons encore ce mot *interdum,* qui indique une exception rare. Pour affirmer que c'est dans ce sens exceptionnel, et non dans le sens ordinaire et courant, que cette qualification a été appliquée au B. Ayrald, non par un document seulement, mais par trois obituaires, par l'inscription mise sur son tombeau, par tous les annalistes de son Ordre et de son diocèse, il faudrait bien aussi avoir quelques preuves.

Il me semble que cela suffit pour répondre aux lettres des correspondants.

Un mot encore. Je me suis permis de reprocher à la dissertation, insérée dans le 1ᵉʳ volume des *Recherches*, l'emploi trop fréquent de ces locutions : *il est probable....... il ne dut pas tarder....... sans doute....... peut-être*, et autres semblables. L'auteur me répond (p. 24) que je tombe dans le même abus, si abus il y a, et, pour le prouver, il cite plusieurs passages de mon *Histoire hagiologique du diocèse de Maurienne*. Distinguons. Autre chose est d'employer ces tournures dubitatives, quand il s'agit de circonstances historiques douteuses, incertaines, quoique vraisemblables et même probables; autre chose, de s'en servir dans une polémique, pour affirmer le fait contesté et lui donner comme preuve un document, un autre fait, qui n'ont d'autre relation avec lui que celle qu'il plaît à l'auteur d'établir par ses suppositions et ses probabilités. Or, le second cas est celui de M. Trepier ; car, il savait bien, en 1879, qu'il s'inscrivait en faux contre l'enquête de 1858, contre les décrets de 1863 et, ce qui était peu de chose, contre mon *Histoire hagiologique,* publiée en 1867. Le lecteur a pu voir que j'ai le droit de signaler le même abus dans la *Réplique,* particulièrement en ce qui concerne l'enquête de 1858.

Quant aux nombreuses altérations, mutilations

et sophistications de textes qui me sont reprochées et me font comparer à un jongleur (p. 37), je ne les discuterai pas : le lecteur peut, s'il le veut, comparer nos écrits à tous deux et vérifier les textes. Ne pouvant rééditer toute la dissertation de mon contradicteur, j'ai cru, dans mes citations, ne rien omettre d'important ; je n'ai voulu ni altérer, ni affaiblir sa pensée et ses preuves ; j'aurais cru nuire à ma cause en tronquant un texte ou un renvoi, et me faire injure à moi-même en pensant répondre à un jongleur.

Du reste, j'admets tout ce que voudra M. Trepier sur les défauts de forme de ma réponse de 1879 et de celle-ci. Il ne s'agit pas de cela. Il s'agit uniquement d'une question d'histoire, qu'il a compliquée, et non pour moi seulement, d'une question d'honneur, même un peu d'une question religieuse.

J'ai produit mes arguments ; je n'ai et je n'aurai plus rien à dire ; car, dès maintenant, j'ai confiance que mes lecteurs ratifieront les conclusions de ce Mémoire : 1° la commission d'enquête, instituée par Mgr Vibert, n'a pas trompé la S. Congrégation ; 2° l'archiprêtre Ayrald occupa le siège de Maurienne avant ou immédiatement après Conon II ; 3° le B. Ayrald, son successeur médiat ou immédiat, avait été chartreux de la maison de Portes.

TABLE DES MATIÈRES

2931. — Chambéry, Imprimerie Savoisienne, JACQUELIN et Cⁱᵉ.